とびきりおいしい

家パスタ

食べたら疲れが吹き飛ぶよ！

Tesshi
(@tmytsm)

うちの主役は、
実は「家パスタ」なんです

　海外の料理番組やレシピ動画が大好きです。きっかけは小学生の頃、西洋かぶれの父親がいつも観ていたグラハム・カーの「世界の料理ショー」。そこで毎回必ずといっていいほど登場する、溶かしバター。その言葉の響きが何とも魅力的で、子どもながらに、おいしそう！と声をあげたものです。その経験から、海外の料理番組を観るのが趣味になっていきました。といっても、ほとんどが欧米の番組なので、レシピのパスタ率が高く、嫌でもパスタ、パスタ、パスタ…で、いつしか身についていったのだと思います。

　海外の料理番組やレシピ動画には、なじみのない食材もたくさん登場するので、いつもそれを身近なものに置き換えて、家族みんながおいしく食べられるよう工夫して作ってきました。そんなわけで、私の家パスタの歴史は、実は「ごちそうおにぎり」よりもずっと長いのです。息子たちが幼い頃からパスタは食卓にあがり、パスタとともに暮らしてきたのですからね。タイトルを「主役は、ごちそう家パスタ」に変更しちゃおうかな。

　家パスタは、旬のものや、冷蔵庫にあるもので気軽に作れるのが魅力。野菜を手軽にたっぷりとれるのでよく作ります。食べながら各々好きなように味変できる点も家族には好評です。夫は晩酌のつまみにお箸でパスタを食べています。息子たちのお弁当にもよくパスタが登場しました。大きなお弁当箱にパスタだけをどーんと詰めて完成。主菜とおかずを兼ねて、つまみにもなり、時短にもつながり、家パスタはまさに主役？です。

パルミジャーノがあれば
極上の味に

　パルミジャーノ・レッジャーノ（以下パルミジャーノ）は、和食でいう昆布やかつお節と同じ「だし」です。パスタをソースとあえるときや、仕上げに加えたり、食べるときに少しふったりするだけで、抜群のコクとうまみを与えてくれ、家庭でもプロ顔負けのおいしいパスタができるというわけ。この縁の下の力持ちにうちのパスタは助けられているのです。

　日本国内であっても、今は、いろんなお店で簡単に海外のチーズが買える時代。市販の筒に入った粉チーズは身近だけど、意外と値段も高く…、それならパルミジャーノ、ペコリーノ・ロマーノ、グラナ・パダーノなどのナチュラルチーズを塊で買うのも悪くない。おろしたてのチーズは香りが最高。風味も断然いいので、ぜひ使っていただきたいです。今回この本で使用しているパルミジャーノのように、最近は手軽な個装のタイプもあります。小さいので鮮度のいいうちに使い切ることができ、初めてでも気負いなく使えていいかなと思います。

　チーズは冷凍保存には向いていない、とよくいわれていますが、私はときと場合によっては冷凍保存もしてしまいますよ。うまみも風味も充分に残っているし、冷凍のまますりおろしてパスタに使うには便利なので、問題ないと思っています。専用のチーズおろしがなくてもおろし金でもおろせます。

常備しているパルミジャーノ
20ｇずつ個装されている、ミニパルミジャーノ・レッジャーノ。パルマレッジョ社のものを愛用。コストコ、amazon、楽天などで扱っている。

Contents

PART 1

PART 2

 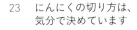

この本のレシピについて

- レシピは、特に記載がないものは、すべて
1人分です。
- パスタは、すべて太さ1.8mmのスパゲッティ
を使用しています。手に入れやすい、お好
みのパスタを使ってください。
- バターは、カップ入りバター
を使用しているので、大さじ
で計量しています。
- だし汁は、市販のだしパック
（食塩無添加）でとったものを
使っています。
- 火加減は、特に記載がない場
合は中火です。
- 分量は、小さじ1＝5ml、大さじ1＝15ml、
1カップ＝200mlです。

デザイン　　　　　　片桐直美 (notes)

撮影　　　　　　　　鈴木泰介
　　　　　　　　　　Tesshi (@tmytsm)

イラスト　　　　　　林舞 (ぱんとたまねぎ)

調理アシスタント　　鈴木綾子

校正　　　　　　　　麦秋アートセンター

DTP　　　　　　　　ニッタプリントサービス

編集　　　　　　　　春日井富喜

PART 1

Garlic and Olive Oil

オイルパスタ

　うちのパスタは、ふだんほとんどがオイルソースです。にんにくとオリーブオイルで作るアーリオ・オーリオ。気分で赤唐辛子を加えてペペロンチーノ。そこにうまみ食材の肉類か魚介類、さらに季節の野菜を加えて楽しんでいます。材料はシンプル、家にあるもので手軽に作れるのがオイルパスタの魅力。

　オイルがゆで汁と合わさってソースになるのですが、このオイルソースに関しては、こだわりが強い人も多く、常に熱い討論が交わされていますよね。ずっと私は、海外の料理番組で紹介された作り方を見よう見まねで、勢いだけで作っていました。うまく混ざり合わずがっかりしたことも。迷いながら月日を経て、海外の料理家のおおらかさにも救われ、今は自分に合った、落ち着いてできる方法で作っています。数ある作り方の中のひとつとして、気に入ってもらえるとうれしいです。

基本のオイルパスタ
の作り方

「ブロッコリーとベーコンのパスタ」を例にあげて、家パスタの基本の作り方を紹介します。
この本に掲載しているほとんどのパスタは、同じ手順でできるので、
作り始める前に、ひと通りの流れをチェックしてください。
まず、オイルパスタの基本の材料を説明します。

オイルパスタの
基本の
材料

基本のオイルパスタ
ブロッコリーと
ベーコンのパスタ

→ 材料と作り方は
次ページへ

オイルパスタの材料は、これだけ。

スパゲッティ	この本では1人分100gにしています。ペットボトルの口にまっすぐに入れると1.8mmのスパゲッティなら約100gなので、目安にしています。
塩	パスタの味を決めるのが塩。パスタをゆでる湯に塩を入れて、麺に塩味をつけます。この本では塩は、湯に対して1%（湯1ℓに小さじ2＝10g）を基本にしています。
オリーブオイル	パスタソースのベースは、オリーブオイル。風味のよい新鮮なものを使います。1人分大さじ2が目安。
にんにく	オリーブオイルににんにくの香りを移して使います。
赤唐辛子	ピリッと辛みをきかせたいときに使います。
ベーコン（動物性の食材）	にんにくと一緒にオリーブオイルで炒め、オイルソースにコクとうまみを加えます。ここではベーコンを使いますが、そのほかの肉系・魚介系の食材（ソーセージ、えび、あさり、アンチョビペーストなど）もパスタのうまみとなります。
ブロッコリー（野菜）	ここではブロッコリーを使いますが、ほかのさまざまな野菜に換えて作ることができます。

基本のオイルパスタ

ブロッコリーとベーコンのパスタ

1人分の材料はこれだけです。材料を準備したら、さあ作りましょう。

材料（1人分）　　　　　　　　　　　　　材料を準備する

ブロッコリー … **5房** ─────→ 1房を食べやすい大きさに切り分ける

ベーコン（ブロック）… **40g** ───→ 1cm角の棒状に切る

にんにく … 1片 ─────────→ 包丁の腹でつぶす

赤唐辛子 … 1本

オリーブオイル … 大さじ2

塩 … 少々

スパゲッティ … 100g

└ 塩 … 小さじ2

- 1人分のパスタで使う野菜は、食べやすい大きさに切ったものの
  かさが、片手でひとつかみ程度の量が目安です。
- ベーコンは、ここではブロックのものを使いますが、スライスで
  もいいです。
- にんにくは、1人分1片。つぶすのか、薄切りにするのか、みじ
  ん切りにするのかは、お好みで（23ページ）。
- 赤唐辛子を使うかどうかはお好みで。使う場合、そのまま使うの
  か、小口切りにするのかも、お好みで。

ペットボトルの口に入る量が約100g

ベーコンは
じっくり
炒める

1. 湯を沸かし始める

パスタをゆでるために、水1ℓを鍋に入れ、
沸かし始めます。

※沸くまでに時間がかかるので、オイルパスタの場合は、
　ソースに取り掛かるときに沸かし始めると段取りよくで
　きます。

2. オリーブオイルで
にんにくとベーコンを炒める

フライパンにオリーブオイル、にんにく、赤
唐辛子、ベーコンを入れて弱火にかけ、じっ
くりとオリーブオイルに香りとうまみを移
していきます。ベーコンにこんがりとした
焼き目がついたら火を止めます。これで
ソースの準備ができました。

※にんにくと赤唐辛子は焦げそうになったら、途中で取り
　出します。

3. 湯に塩を入れる

湯の表面にぼこぼこ泡が出てきたら沸騰してきたということ。塩を入れて溶かします。塩の量は、この本では1％で統一しています。湯1ℓ なら小さじ2（10g）。塩を入れるのは、パスタをゆでる直前に。

4. パスタをゆでる

パスタの束を両手でぎゅっとにぎってねじり、鍋の中心に立ててから、ぱっと手をはなすと、放射状に広がります。箸で湯から出ているパスタを湯に浸し、箸でかき混ぜてほぐします。ここでタイマーを袋の表示のゆで時間より1分短くセットします。

※ゆでてから、ソースをからめる間に余熱で火が入るので、ゆで時間は表示より1分短く。

5

パスタの
ゆで汁を
入れておく

ブロッコリーは
パスタと一緒に
ゆでる

6

5. ゆで汁でのばしてソースに

2で火を止めておいたフライパンに、パスタのゆで汁大さじ1を加え、フライパンをゆすってなじませ、さらに大さじ1を加え、ゆすってなじませれば、ソースのでき上がり。

※加えるゆで汁の量は、オイルと同量。
※オイルが熱いうちに入れると、ジャーッとはねて、ゆで汁がオイルとなじまずに分離してしまうので、オイルが少しさめてから加えます。

6. ブロッコリーをゆでる

パスタのゆで時間を計っているタイマーが残り2分になったら、湯にブロッコリーを入れ、パスタと一緒にゆでます。

※ゆで具合には好みがあるので、やわらかめにゆでたい場合は、もう少し早く入れて長めにゆでます。
※野菜によって火の通りが違うので、鍋に入れる時間は変わります。各レシピに目安の時間を示しました。

7. パスタとブロッコリーを
ソースとあえる

ゆで上がったパスタとブロッコリーは、トングで持ち上げるかざるに上げてから、ソースのフライパンに移し、パスタ全体にソースをからめます。味をみてたりなければ、塩で味をととのえます。

8. 盛りつける

箸とスプーンでくるっとねじりながら、山高になるよう器に盛りつけます。

まずは、何もかけずにいただきます。

シンプルオイルパスタは、味変自在

　シンプルな塩味のオイルパスタは、まずそのまま味わってみてから、パルミジャーノをおろしかけて、うまみを追加。そこに黒こしょうをふって、パンチをきかせて、その次にEXVオリーブオイルをまわしかけて、コクと風味を加えればさらにリッチな味に…というふうに、何通りもの味を楽しんでいます。

パスタの味変3点セット

黒こしょうはひきたてを。パルミジャーノも、おろしたてが断然おいしい。オリーブオイルはフレッシュな香りのEXVオリーブオイルがおすすめ。

アボカドと
ベーコンのパスタ

アボカドが硬かったので、炒めて
パスタに使うことにしました。
硬いアボカドは、
加熱するとほくほくになって
おいしく食べられます。

アボカド

ベーコン

episode

アボカドは生で食べるのがいちばん！ そんなこと百も承知です。もう熟しただろうと思って切ったアボカドがまだ硬かった…。切ってしまったら最後、どんどん変色しちゃうので、もう、どうにでもなれ！ と、勢いで作ったのがこのパスタ。食材への敬意は、料理の腕と人の心を育ててくれるのです。なんちゃって。Instagramのインプレッション数100万突破。まだまだ伸び続けています。

偶然生まれた
新定番

材料

アボカド … ½個 → 一口大に切る

ベーコン（ブロック）**… 40g**
　→ 1cm角の棒状に切る

にんにく … 1片 → つぶす
赤唐辛子 … 1本
オリーブオイル … 大さじ2
しょうゆ … 少々

スパゲッティ … 100g
└ 塩 … 小さじ2
　→ 湯を沸かし、具材を炒めたら
　　パスタをゆでる（13〜16ページ）

作り方

1　フライパンにオリーブオイル、にんにく、
　赤唐辛子、ベーコンを入れて弱火で炒める。
2　ベーコンに焼き色がついたらアボカドを
　加えて焼き、しょうゆを加え、火を止める。
3　ゆで汁大さじ2を2回に分けて加えてな
　じませ、ソースにする。
4　ゆで上がったパスタを加えてあえる。

アスパラベーコンの
パスタ

アスパラベーコンが、パスタに入っていたらうれしい。アスパラガスはパスタと一緒にゆでる作り方を紹介していますが、ベーコンと一緒に炒めて作ったりそのときどき。どっちでもできます。

ベーコン

アスパラガス

→ with Pasta

パスタがゆで上がる2分前に入れて一緒にゆでる

材料

アスパラガス … 2本
→ 3cm長さの斜め切り

ベーコン（ブロック） … 40g
→ 1cm角の棒状に切る

にんにく … 1片 → 薄切り
赤唐辛子 … 1本
オリーブオイル … 大さじ2
塩 … 少々

スパゲッティ … 100g
└ **塩 … 小さじ2**
→ 湯を沸かし、具材を炒めたらパスタをゆでる（13〜16ページ）

作り方

1　フライパンにオリーブオイル、にんにく、赤唐辛子、ベーコンを入れ、弱火でじっくり炒め、火を止める。

2　ゆで汁大さじ2を2回に分けて加えてなじませ、ソースにする。

3　ゆで上がったパスタとアスパラガスを加えてあえる。味をみて塩でととのえる。

おつまみにしたい味

Point

ベーコンは1食分ずつ冷凍

ブロックのベーコンを買ってきたら、1cm厚さに切って1枚ずつラップで包み、冷凍保存している。1枚30〜50gで、1人分で使う量なので思いついたときにすぐ使える。

なす♡オイル

なす

ベーコン

なすとベーコンのパスタ

油と相性のいいなすは、ベーコンと一緒に炒めます。
おいしい油を全部吸収したなすが絶品。

材料

なす … **½本** → 5mm厚さの半月切り

ベーコン（ブロック）… **40g** → 1cm角の棒状に切る

にんにく … 1片 → つぶす
赤唐辛子 … 1本
オリーブオイル … 大さじ2
しょうゆ … 少々

スパゲッティ … 100g
└ 塩 … 小さじ2
　→ 湯を沸かし、具材を炒めたらパスタをゆでる
　　（13〜16ページ）

作り方

1 フライパンにオリーブオイル、にんにく、赤
　唐辛子、ベーコンを入れて弱火で炒める。
　ベーコンに焼き色がついたら、なすを入れて
　両面を焼き、しょうゆを加え、火を止める。

2 ゆで汁大さじ2を2回に分けて加えてなじ
　ませ、ソースにする。

3 ゆで上がったパスタを加えてあえる。

菜の花

with
Pasta

パスタがゆで上がる1分
前に入れて一緒にゆでる

ベーコン

春の お楽しみ

菜の花が出回る季節には、たびたび
パスタにしています。パスタと一緒
にさっとゆでるだけで、緑色が鮮や
かになって、特有の食感と香りが気
軽に楽しめます。

菜の花とベーコンのパスタ

材料

菜の花 … **3本** → 3cm長さに切る

ベーコン（ブロック） … **40g**
　→ 1cm角の棒状に切る

にんにく … 1片 → みじん切り
赤唐辛子 … 1本
オリーブオイル … 大さじ2
塩 … 少々

スパゲッティ … 100g
└ 塩 … 小さじ2

→湯を沸かし、具材を炒めた
らパスタをゆでる（13〜16
ページ）

作り方

1　フライパンにオリーブオイル、にんにく、赤唐辛
　子、ベーコンを入れて弱火で炒める。ベーコンに
　こんがりとした焼き色がついたら火を止める。

2　ゆで汁大さじ2を2回に分けて加えてなじませ、
　ソースにする。

3　ゆで上がったパスタと菜の花を加えてあえる。味
　をみて塩でととのえる。

つぶす　　薄切り　　みじん切り

Garlic

にんにくは、包丁の腹でつぶすか、横に薄切りにするか、みじん切りにするかのどれか。みじん切りもガーリックマッシャー（ロッカー100／ジョセフジョセフ）でつぶすだけので、どの使い方でもラク。

にんにくをまるごと使うときは、つぶしておくと、香りがオリーブオイルに移りやすい。

にんにくの切り方は、気分で決めています

　パスタに欠かせないにんにくですが、家で作るときは、これはみじん切りじゃなきゃだめ、とかこれは薄切りでしょ、などの決まりごとはありません。

　ソースのベースのオリーブオイルに、にんにくの風味が移ればいいので、1片まるごとつぶして使い、盛りつけのときに除くのがいちばんラクかもしれません。具材を炒めるうちに焦げそうになったら、簡単に取り出すこともできるし、食後のにおいをあまり気にせず食べられると思います。もちろんみじん切りにすれば、パスタにからまって食べやすく、しっかりとにんにくのきいた味が楽しめ栄養も満点。

アスパラガス
→
with Pasta

パスタがゆで上
がる2分前に入れ
て一緒にゆでる

えび

ベーコンをじっくり弱火で炒めるの
と同じように、えびの表面に焼き色
をつけると、香ばしさが加わって断
然おいしい。

アスパラとえびのパスタ

材料

アスパラガス … **3本**
→ 3cm長さの斜め切り

むきえび（背わたを除く）… **10尾**

にんにく … 1片 → つぶす
赤唐辛子 … 1本
オリーブオイル … 大さじ2
酒 … 大さじ2
塩 … 少々

スパゲッティ … 100g
└ 塩 … 小さじ2
→ 湯を沸かし、具材を炒めたら
パスタをゆでる（13〜16ページ）

作り方

1 フライパンにオリーブオイル、にんにく、赤唐辛
子を入れて弱火にかけ、香りが立ったらえびを加
えて焼き、酒をふって炒め、アルコール分を飛ば
し、火を止める。

2 ゆで汁大さじ2を2回に分けて加えてなじませ、
ソースにする。

3 ゆで上がったパスタとアスパラガスを加えてあ
える。味をみて塩でととのえる。

プチトマトとえびのパスタ

材料

プチトマト … **10個** → 半分に切る

小えび (背わたを除く) … **6尾**

にんにく … 1片 → つぶす
赤唐辛子 … 1本
オリーブオイル … 大さじ2
酒 … 大さじ2
塩、粗びき黒こしょう … 各少々

スパゲッティ … 100g
└ 塩 … 小さじ2
→湯を沸かし、具材を炒めたら
　パスタをゆでる (13〜16ページ)

作り方

1 フライパンにオリーブオイル、にんにく、赤唐辛子を入れて弱火にかけ、香りが立ったら小えび、プチトマトを加え、酒をふって炒め、火を止める。

2 ゆで汁大さじ2を2回に分けて加えてなじませ、ソースにする。

3 ゆで上がったパスタを加えてあえ、味をみて塩でととのえる。器に盛って、黒こしょうをふる。

プチトマトは加熱すると甘みが増しておいしくなるので、焼いて食べるのが好き。トマトソースを作る時間のないときにおすすめです。

プチトマト

小えび

あらよっ

25

キャベツ

with
Pasta

パスタがゆで上
がる1分前に入れ
て一緒にゆでる

あさり

あさりでパスタを作るときは、相性
のいいキャベツをよく入れています。
あさりは冷凍するとうまみを強く感
じることができると聞いてからは、
余った分は砂抜き後冷凍しています。
凍ったまま使えて、すごく便利です。

あさりとキャベツのパスタ

材料

あさり （砂抜きしたもの）… **10〜15個**

キャベツ … **2枚** → ざく切り

にんにく … 1片 → みじん切り
赤唐辛子 … 1本 → 小口切り
オリーブオイル … 大さじ2
酒（または白ワインまたは水）… 大さじ2
ハーブソルト、塩 … 各少々

スパゲッティ … 100g
└ 塩 … 小さじ2
　→湯を沸かし、あさりの殻が開いたら
　　パスタをゆでる（13〜16ページ）

作り方

1 フライパンにオリーブオイル、にんにく、赤唐辛
　子を入れて弱火にかける。香りが立ったらあさり
　を加えて酒をふり、ふたをして、殻が開くまで蒸
　し煮にする。

2 ふたを取り、ハーブソルトをふって少し煮つめて
　火を止める。

3 ゆで上がったパスタとキャベツを加えてあえる。
　味をみて塩でととのえる。

左のパスタと
同様の作り方

プチトマト入り
あさりとキャベツのパスタ

あさりを入れるときに、プチトマト10個も加えて同様に作る。

おつまみに
したい味

28

枝豆とソーセージのパスタ

これは、夏におすすめ。無性に枝豆が食べたかったとき、
居酒屋メニューを参考にパスタにしました。
ビールのつまみ用にゆでた枝豆があるときに、作ってみてください。
市販の冷凍枝豆を使っても。

材料

ゆで枝豆（さやから出したもの）… **⅓カップ**

ソーセージ … **2〜3本** → 薄切り

にんにく … 1片 → つぶす

赤唐辛子 … 1本 → 小口切り

オリーブオイル … 大さじ2

塩、粗びき黒こしょう … 各少々

スパゲッティ … 100g
└ 塩 … 小さじ2
　→湯を沸かし、具材を炒めたら
　　パスタをゆでる（13〜16ページ）

作り方

1 フライパンにオリーブオイル、にんにく、赤
　唐辛子を入れて弱火で炒め、香りが立ったら
　ソーセージ、枝豆を加えて炒め、火を止める。

2 ゆで汁大さじ2を2回に分けて加えてなじま
　せ、ソースにする。

3 ゆで上がったパスタを加えてあえ、味をみて
　塩でととのえる。器に盛って、黒こしょうを
　ふる。

Point

**ソーセージは
冷凍しておくと
スライスできて便利**

冷凍したソーセージは、スライサーを使えば、簡単にスライスできる。ごく薄切りになるので、火の通りも早く、時短に。

episode

居酒屋のメニューにあった「枝豆のペペロンチーノ」がすごくおいしかったので、それをヒントにして、パスタにしちゃいました。お店では、枝豆はさやごと炒めてありますが、パスタには食べやすいよう、さやから出して、ソーセージも一緒に炒めてボリュームを出しました。ビールによく合うおつまみパスタです。

キャベツ

↓

with Pasta

パスタがゆで上がる1分前に入れて一緒にゆでる

アンチョビ
ペースト

野菜しかないときには、アンチョビペーストを使っています。ほんの少し加えるだけで本格的な味に。加熱したキャベツは甘みがぐっと増して、それだけでごちそうです。

アンチョビペーストで
キャベツのパスタ

材料

キャベツ … 2枚 → ざく切り

アンチョビペースト … 小さじ1

にんにく … 1片 → 薄切り

赤唐辛子 … 1本

オリーブオイル … 大さじ2

塩 … 少々

スパゲッティ … 100g

└ 塩 … 小さじ2

→ 湯を沸かし、具材を炒めたら
　パスタをゆでる（13〜16ページ）

作り方

1 フライパンにオリーブオイル、にんにく、赤唐辛子、アンチョビペーストを入れて弱火で炒める。香りが立ったら、火を止める。

2 ゆで汁大さじ2を2回に分けて加えてなじませ、ソースにする。

3 ゆで上がったパスタとキャベツを加えてあえる。味をみて塩でととのえる。

アンチョビペーストでズッキーニのパスタ

材料

ズッキーニ … ½本 → ごく薄い輪切り
アンチョビペースト … 小さじ1

にんにく … 1片 → つぶす
オリーブオイル … 大さじ2
塩、粗びき黒こしょう … 各少々
パルミジャーノ … 好みの量 → すりおろす

スパゲッティ … 100g
└ 塩 … 小さじ2
　→湯を沸かし、具材を炒めたら
　　パスタをゆでる（13〜16ページ）

作り方

1 フライパンにオリーブオイル、にんにく、アンチョビペーストを入れ、弱火で炒める。香りが立ったらズッキーニを加えて炒め、火を止める。

2 ゆで汁大さじ2を2回に分けて加えてなじませ、ソースにする。

3 ゆで上がったパスタを加えてあえ、味をみて塩でととのえる。器に盛って、パルミジャーノをかけ、黒こしょうをふる。

ズッキーニ

アンチョビ
ペースト

これが
うまみの素

ごく薄切りにしたズッキーニは、すぐ火が通るので夏場におすすめ。彩りもきれい。

しめじ

まいたけ

エリンギ

アンチョビペースト

いろんなきのこを組み合わせた見た
目も食感も楽しい一品。アンチョ
ビペーストを使えば、手軽にできて、
うまみ増し増し。きのこは、そのとき
にあるもの2種類以上で、どれで
もおいしくできます。

アンチョビペーストでいろいろきのこのパスタ

材料

しめじ、まいたけ、エリンギ
　… **合わせて100g**
　→ しめじとまいたけはほぐし、エリンギは縦に薄切り

アンチョビペースト … 小さじ1

にんにく … 1片 → つぶす
赤唐辛子 … 1本 → 小口切り
オリーブオイル … 大さじ2
塩 … 少々

スパゲッティ … 100g　→湯を沸かし、具材を炒めた
└ 塩 … 小さじ2　らパスタをゆでる（13～16
　　　　　　　　　ページ）

作り方

1 フライパンにオリーブオイル、にんにく、赤唐
　辛子、アンチョビペーストを入れて弱火で炒め、
　香りが立ったらきのこを
　加えて炒める。きのこに
　火が通ったら火を止める。

2 ゆで汁大さじ2を2回に
　分けて加えてなじませ、
　ソースにする。

3 ゆで上がったパスタを加えてあえる。味をみて
　塩でととのえる。

まいたけ

サラダ
ほうれん草

ベーコン

サラダほうれん草は、ゆでたてのパスタと一緒にソースであえると、余熱で火が通ってしんなりしておいしい。サラダほうれん草の代わりにレタス、水菜、豆苗などでも、それぞれの野菜の食感とともに味わえます。

ベーコンまいたけサラダほうれん草のパスタ

材料

まいたけ … ½パック (50g) → ほぐす

サラダほうれん草 … 50g → 4㎝長さに切る

ベーコン (ブロック) … 40g → 1㎝角の棒状に切る

にんにく … 1片 → つぶす
赤唐辛子 … 1本
オリーブオイル … 大さじ2
しょうゆ … 少々
塩 … 少々

スパゲッティ … 100g　→ 湯を沸かし、具材を炒めた
└ 塩 … 小さじ2　　　らパスタをゆでる (13〜16
　　　　　　　　　　ページ)

作り方

1 フライパンにオリーブオイル、にんにく、赤唐辛子、ベーコンを入れて弱火にかけ、香りが立ったらまいたけを加えて炒め、しょうゆを加えて火を止める。

2 ゆで汁大さじ2を2回に分けて加えてなじませ、ソースにする。

3 サラダほうれん草を生のまま加え、ゆで上がったパスタをのせてあえる。味をみて塩でととのえる。

ズッキーニは
万能

ズッキーニ

ベーコン

ズッキーニは味に主張がないので、どんな具材とも相性がよくベーコンのパスタにも使います。食卓に彩りがほしいときにおすすめ。

ズッキーニとベーコンのパスタ

材料

ズッキーニ … ½本 → 5mm厚さの輪切り

ベーコン（ブロック）… 40g
　→ 1cm角の棒状に切る

にんにく … 1片 → みじん切り
赤唐辛子 … 1本
オリーブオイル … 大さじ2
塩 … 少々

スパゲッティ … 100g
└ 塩 … 小さじ2
　→ 湯を沸かし、具材を炒めたらパスタをゆでる
　　（13〜16ページ）

作り方

1　フライパンにオリーブオイル、にんにく、赤唐辛子、ベーコンを入れて弱火で炒める。香りが立ったらズッキーニを加えて焼き、火を止める。

2　ゆで汁大さじ2を2回に分けて加えてなじませ、ソースにする。

3　ゆで上がったパスタを加えてあえる。味をみて塩でととのえる。

ナッツが
アクセント

ごぼう

アーモンド

ベーコン

ベーコンと炒めるとおいしいごぼう
に、歯ごたえのいいアーモンドを合
わせます。おつまみ用のナッツなら
どれでもよく、ごまに換えても。

ごぼうとベーコンとナッツのパスタ

材料

ごぼう … **½本** (20㎝)
→ ピーラーでささがきにして水にさらし、水気をきる

ベーコン(スライス)… **2枚** → 2㎝幅に切る

アーモンド … **5粒くらい** → 砕く

にんにく … 1片 → みじん切り
赤唐辛子 … 1本
オリーブオイル … 大さじ2
塩 … 少々

スパゲッティ … 100g →湯を沸かし、具材を炒めたらパスタ
└塩 … 小さじ2 　　をゆでる(13〜16ページ)

作り方

1 フライパンにオリーブオイル、にんにく、
赤唐辛子、ベーコンを入れて弱火で炒め、
ごぼうを加えて炒める。ごぼうがしんなり
したらアーモンドを加えてさっと炒め、火
を止める。

2 ゆで汁大さじ2を2回に分けて加えてなじ
ませ、ソースにする。

3 ゆで上がったパスタを加えてあえる。味を
みて塩でととのえる。

青じそ大好き

えのきだけ

ベーコン

青じそ

えのきベーコンにはバターしょうゆ味がぴったり。青じそをのせたら香りはもう最高潮。お好みでレモンを搾ってもおいしいです。

えのきベーコン青じそのバターしょうゆパスタ

材料

えのきだけ … ½パック (50g)
　→ 長さを半分に切る

ベーコン (スライス) **… 2枚** → 2cm幅に切る

青じそ … 3枚 → せん切り

にんにく … 1片 → みじん切り
赤唐辛子 … 1本 → 小口切り
オリーブオイル … 大さじ2
バター … 大さじ½
しょうゆ … 少々
塩、粗びき黒こしょう … 各少々
(好みで) レモン … 適量

スパゲッティ … 100g
└ 塩 … 小さじ2
　→ 湯を沸かし、具材を炒めたらパスタをゆでる
　(13〜16ページ)

作り方

1 フライパンにオリーブオイル、にんにく、赤唐辛子、ベーコンを入れて弱火にかけ、香りが立ったら、えのきを加えて炒め、しょうゆを加えて火を止める。

2 ゆで汁大さじ2を2回に分けて加えてなじませ、ソースにする。

3 ゆで上がったパスタ、バターを加えてあえ、味をみて塩、黒こしょうでととのえる。器に盛り、青じそをのせる。好みでレモンを搾る。

しめじベーコン青じそ**の**バターしょうゆ**パスタ**

しめじ　　ベーコン　　青じそ

バターしょうゆの香りが食欲をそそるきのこのパスタは、アレンジ自在。ピリ辛にしたりしなかったり、そのときあるきのこで気ままに作っています。

材料

しめじ … ½パック (50g) → ほぐす

ベーコン (ブロック) … **40g**
　→ 1cm角の棒状に切る

青じそ … 3枚 → せん切り

にんにく … 1片 → みじん切り
オリーブオイル … 大さじ2
バター … 大さじ½
しょうゆ … 少々
塩、粗びき黒こしょう … 各少々
(好みで) レモン … 適量

スパゲッティ … 100g
└塩 … 小さじ2
　→ 湯を沸かし、具材を炒めたら
　　パスタをゆでる (13〜16ページ)

作り方

えのきだけをしめじに、ベーコンはブロックに換え、赤唐辛子を使わずに、左ページの「えのきベーコン青じそのバターしょうゆパスタ」と同じ作り方で作る。

･ﾟPoint ﾟ･

青じそはたたいて香りを立たせ、はさみで切る

青じそは、手のひらにのせてパンッと1回たたくと香りが高くなるので、使う前には必ず重ねてパンッとする。

せん切りにするときは、軸を除いてくるくる巻いてから、はさみで端から細く切る。全体に空気を入れるようにふわっと混ぜてから使うと、さらに香り高くなる気がする。

シャキシャキした
豆苗が回

さば缶と豆苗のパスタ

オリーブオイルベースのパスタの作り方で、
さば缶を汁ごと使ってソースにしたら、
とてもおいしくできました。
旬をとわず、いつでもさくっと作れます。

さば缶

豆苗

材料

さばの水煮缶 … ½缶 (90g)
　→ ざっとほぐす。汁ごと使う

豆苗 … ½パック

にんにく … 1片 → つぶす
赤唐辛子 … 1本
オリーブオイル … 大さじ2
しょうゆ … 少々
パルミジャーノ … 好みの量
　→ すりおろす

スパゲッティ … 100g
└ 塩 … 小さじ2
　→ 湯を沸かし、具材を炒
　めたらパスタをゆでる
　（13〜16ページ）

作り方

1　フライパンにオリーブオイル、にんにく、赤唐辛子
　を入れて弱火にかけ、香りが立ったらさば缶を加え
　て炒め、ほぼ汁がなくなったら、しょうゆを加えて
　火を止める。

2　ゆで汁大さじ2を2回に分けて加えてなじませ、
　ソースにする。

3　豆苗を生のまま加え、ゆで上がったパスタをのせて
　あえる。器に盛り、パルミジャーノをふる。

いやっほう

SABA

さばの
水煮缶が
いい仕事

episode

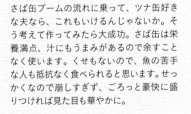

さば缶ブームの流れに乗って、ツナ缶好き
な夫なら、これもいけるんじゃないか。そ
う考えて作ってみたら大成功。さば缶は栄
養満点、汁にもうまみがあるので余すこと
なく使います。くせもないので、魚の苦手
な人も抵抗なく食べられると思います。せっ
かくなので崩しすぎず、ごろっと豪快に盛
りつければ見た目も華やかに。

いかと緑の野菜の
バターしょうゆパスタ

いかのうまみがパスタと野菜にからみついて
食欲をそそる一品。
野菜は冷蔵庫にあるものを組み合わせました。

小さい
いか

材料

いか（ごく小さいもの）…**8杯**
　→ 足をはずして内臓を除く

ブロッコリー … **3房くらい**
　→ 1房を食べやすい大きさに切り分ける

きぬさや … **8枚** → 筋を取る

キャベツ … **1枚** → ざく切り

にんにく … 1片 → みじん切り
赤唐辛子 … 1本
オリーブオイル … 大さじ2
バター … 大さじ½
しょうゆ … 少々
塩 … 少々

スパゲッティ … 100g
└ 塩 … 小さじ2
　→ 湯を沸かし、具材を炒めたらパスタ
　　をゆでる（13～16ページ）

ブロッコリー
きぬさや
キャベツ
↓
with Pasta

パスタがゆで上
がる2分前にブ
ロッコリーを、1
分前にきぬさやと
キャベツを、入れ
て一緒にゆでる

作り方

1 フライパンにオリーブオイル、にん
にく、赤唐辛子を入れて弱火にかけ、
香りが立ったらいかを加えて炒め、
しょうゆを加えて火を止める。

2 ゆで汁大さじ2を2回に分けて加え
てなじませ、ソースにする。

3 ゆで上がったパスタと野菜、バター
を加えてあえる。味をみて塩でとと
のえる。

episode

夫のリクエストで、いかをパスタにしました。少し
のバターとしょうゆが、いかのうまみを最大限に引
き出します。いかは主張しすぎず、上品なうまみを
与えてくれるので、どんな野菜とも合いそう。ブロッ
コリーやアスパラガスと合わせるのが好きです。い
かは下ごしらえをして、冷凍保存しています。さっ
と焼いておつまみにしたりと、すぐに使えて便利です。

パルミジャーノ
たっぷり

きぬさやとベーコンの
パスタ

きぬさや

↓

with Pasta

パスタがゆで上がる1分前に入れて一緒にゆでる

ベーコン

パルミジャーノ

季節の野菜をたっぷり味わえるのもパスタの醍醐味。すりおろしたパルミジャーノを豪快に入れてぜいたくに仕上げます。きぬさやの歯ざわりのよさを楽しんで。

材料

きぬさや … **15枚** → 筋を取る

ベーコン（ブロック）… **40g** → 1cm角の棒状に切る

パルミジャーノ … **10g**
　　→ すりおろす

にんにく …1片 → みじん切り
オリーブオイル … 大さじ2
塩 … 少々

スパゲッティ … 100g
└ 塩 … 小さじ2
→ 湯を沸かし、具材を炒めたらパスタをゆでる（13〜16ページ）

作り方

1 フライパンにオリーブオイル、にんにく、ベーコンを入れて弱火でじっくり炒め、ベーコンに焼き色がついたら火を止める。

2 ゆで汁大さじ2を2回に分けて加えてなじませ、ソースにする。

3 ゆで上がったパスタときぬさや、パルミジャーノを加えてあえ、味をみて塩でととのえる。

ここで入れる

スナップえんどうと
ベーコンのパスタ

スナップえんどう

↓

with Pasta

パスタがゆで上がる2分前に入れて一緒にゆでる

ベーコン

パルミジャーノ

甘みの強いスナップえんどうの、春におすすめのシンプルパスタです。

材料

スナップえんどう … **8本** → 筋を取る

ベーコン（ブロック）… **40g**
　　→ 5mm幅に切る

パルミジャーノ … **10g** → すりおろす

にんにく …1片 → みじん切り
オリーブオイル … 大さじ2
塩 … 少々
スパゲッティ … 100g → 湯を沸かし、具材を炒め
└ 塩 … 小さじ2　　たらパスタをゆでる（13〜16ページ参照）

作り方

きぬさやをスナップえんどうに換え、左と同様に作る。

プチトマト

ブロッコリー → with Pasta
パスタがゆで上がる2分前に入れて一緒にゆでる

ベーコン

パルミジャーノ

焼いたプチトマトの甘みとベーコンの脂でうまみUP。ブロッコリーでかさ増しして、彩りと栄養のバランスもよし。

トマトブロッコリーとベーコンのパスタ

材料

プチトマト … **3個** → 縦に4つ割りにする

ブロッコリー … **3房**
→ 1房を食べやすい大きさに切り分ける

ベーコン（ブロック）… **40g** → 1cm角の棒状に切る

パルミジャーノ … **10g** → すりおろす

にんにく … 1片 → みじん切り
オリーブオイル … 大さじ2
塩 … 少々

スパゲッティ … 100g → 湯を沸かし、具材を炒めたらパスタをゆでる（13〜16ページ）
└ 塩 … 小さじ2

作り方

1 フライパンにオリーブオイル、にんにく、ベーコンを入れて弱火にかけ、香りが立ったらプチトマトを加えてさっと焼き、火を止める。

2 ゆで汁大さじ2を2回に分けて加えてなじませ、ソースにする。

3 ゆで上がったパスタとブロッコリー、パルミジャーノを加えてあえる。味をみて塩でととのえる。

セロリの葉を活用

セロリの葉

ベーコン

パルミジャーノ

捨ててしまいがちなセロリの葉は炒めるとおいしいので、茎とは別にして、葉野菜のひとつとして使います。ベーコンと炒めるのが好きです。

セロリの葉とベーコンのパスタ

材料

セロリの葉 … **1本分** → ざく切り

ベーコン (ブロック) … **40g** → 2cm角に切る

パルミジャーノ … **10g** → すりおろす

にんにく … 1片 → みじん切り
オリーブオイル … 大さじ2
塩、粗びき黒こしょう … 各少々

スパゲッティ … 100g
└ 塩 … 小さじ2
→ 湯を沸かし、具材を炒めたらパスタをゆでる
（13〜16ページ）

作り方

1 フライパンにオリーブオイル、にんにく、ベーコンを入れて弱火で炒め、セロリの葉を加えてさっと炒め、火を止める。

2 ゆで汁大さじ2を2回に分けて加えてなじませ、ソースにする。

3 ゆで上がったパスタ、パルミジャーノを加えてあえ、味をみて塩でととのえる。器に盛って、黒こしょうをふる。

いろいろ野菜と
ベーコンのパスタ

ビタミンも豊富♪

ゆで野菜の残りや、中途半端に
余ってしまった冷蔵庫内の野菜をかき集めて
パスタの具にすることが
よくあります。野菜を
おいしく使い切ることができる
パスタってすばらしい。

episode

ブロッコリーや小松菜などの緑色
の野菜は、塩ゆでしてサラダにす
ることが多いです。余ったらガラ
スの器に入れ、ラップをして冷蔵
庫に入れておきます。そうすれば、
夫が自分でラップをはずし、好き
なドレッシングをかけて食べられ、
それが残っていれば、こうしてパ
スタに使えます。

46

ブロッコリー

小松菜

なす

オクラ

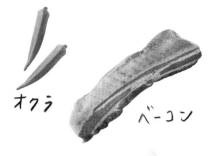
ベーコン

パルミジャーノ

材料

ブロッコリー（食べやすい大きさに切って塩ゆでしたもの）… **3房**

小松菜（塩ゆでして4cm長さに切ったもの）… **½株**

なす … **½本** → 一口大に切る

オクラ … **2本** → 2～3mm幅に切る

ベーコン（ブロック）… **40g** → 1cm角の棒状に切る

パルミジャーノ … **10g** → すりおろす

にんにく … 1片 → みじん切り
赤唐辛子 … 1本 → 小口切り
オリーブオイル … 大さじ2
粗びき黒こしょう、ハーブソルト … 各少々

スパゲッティ … 100g → 湯を沸かし、具材を炒めたらパスタをゆでる
└ 塩 … 小さじ2　　　　（13～16ページ）

作り方

1 フライパンにオリーブオイル、にんにく、赤唐辛子、ベーコンを入れて弱火にかける。香りが立ったらなす、オクラを加えて焼く。なすに火が通ったらブロッコリー、小松菜を加えてさっと炒め合わせ、火を止める。

2 ゆで汁大さじ2を2回に分けて加えてなじませ、ソースにする。

3 ゆで上がったパスタ、パルミジャーノを加えてあえ、黒こしょう、ハーブソルトをふる。

焼きなすと青じそのパスタ

ジェイミー・オリバーの師匠のジェナーロ・コンタルドが
焼きなすのペストを作っているのをヒントに、
これを和風にできないかなと思って考案しました。
とろとろのなすを麺にからめてめしあがれ。

なす

青じそ

パルミジャーノ

材料

焼きなす … 2本
→ 皮をむいて除き、
　細く裂いて、3cm長
　さに切る

青じそ … 4枚 → 細切り

パルミジャーノ … 20g
→ すりおろす

にんにく … 1片 → みじん切り
オリーブオイル … 大さじ2
ぽん酢しょうゆ … 少々

スパゲッティ … 100g
└ 塩 … 小さじ2
　→ 湯を沸かし、具材を炒めたら
　　 パスタをゆでる（13〜16ページ）

（13〜16ページ）

Point

**青じそは、
あえるときは短い細切りに**

青じそは使う前に、両手でパンッ
とたたいてから（37ページ）、は
さみで縦に4つに切って重ね、3
mm幅くらいに切る。

（37ページ）

作り方

1 フライパンにオリーブオイル、にんにくを入れて弱火で炒め、
　焼きなすを加えて炒め、火を止める。

2 ゆで汁大さじ2を2回に分けて加えてなじませ、ソースにする。

3 ゆで上がったパス
　タ、青じそ、パル
　ミジャーノを加え
　てからめる。器に盛
　り、ぽん酢しょうゆ
　をかける。

ぽん酢しょうゆを
かけると最高

49

温泉卵をからめて
食べるのがおすすめ

菜の花となめこの
パスタ

菜の花
with Pasta

パスタがゆで上がる1分前に入れて一緒にゆでる

菜の花の季節に、冷蔵庫にあるなめこやホワイトセロリと合わせて具だくさんに。オリーブオイル、にんにくベースのオイルパスタは、どんな具材もおいしくまとめてくれます。

材料

菜の花 … **3本** → 4cm長さに切る
なめこ … **20g**
ホワイトセロリ … **1株** → 4cm長さに切る
アンチョビペースト … **小さじ1**
パルミジャーノ … **10g** → すりおろす

にんにく … 1片 → みじん切り　スパゲッティ … 100g
赤唐辛子 … 1本 → 小口切り　└ 塩 … 小さじ2
オリーブオイル … 大さじ2　→湯を沸かし、具材を炒め
温泉卵 … 1個　たらパスタをゆでる
　　　　　　　　　　　　（13〜16ページ）

作り方

1 フライパンにオリーブオイル、にんにく、赤唐辛子、アンチョビペーストを入れて弱火で炒め、香りが立ったら、なめこを加えて炒め、火を止める。

2 ゆで汁大さじ2を2回に分けて加えてなじませ、ソースにする。

3 ゆで上がったパスタと菜の花、パルミジャーノを加えてあえる。器に盛り、ホワイトセロリをちらし、温泉卵をのせる。

菜の花と桜えびの
パスタ

桜えびは、手軽にコクとうまみが出せるので、パスタにもおすすめです。

材料

菜の花
with Pasta

パスタがゆで上がる1分前に入れて一緒にゆでる

菜の花 … **4〜5本**
→ 4cm長さに切る
桜えび (乾燥) … **大さじ1**
パルミジャーノ … **10g** → すりおろす

にんにく … 1片 → つぶす
赤唐辛子 … 1本
オリーブオイル … 大さじ2
塩、粗びき黒こしょう … 各少々

スパゲッティ … 100g → 湯を沸かし、具材を炒め
└ 塩 … 小さじ2　　たらパスタをゆでる（13〜
　　　　　　　　　16ページ）

作り方

1 フライパンにオリーブオイル、にんにく、赤唐辛子、桜えびを入れて弱火で炒め、香りが立ったら火を止める。

2 ゆで汁大さじ2を2回に分けて加えてなじませ、ソースにする。

3 ゆで上がったパスタと菜の花、パルミジャーノを加えてあえ、味をみて塩でととのえる。器に盛り、黒こしょうをふる。

ケールとソーセージの
パスタ

ビタミンとミネラルが豊富なケールをたっぷり使った、
食べると美しくなれそうなパスタ。
冷凍野菜は、解凍しないでそのまま炒められるから、とても便利です。

ケール（冷凍）

ソーセージ

パルミジャーノ

材料

ケール（冷凍・刻んだもの）… **げんこつ大**

ソーセージ … **3本** → 1cm厚さの斜め切り

パルミジャーノ … **10g** → すりおろす

にんにく … 1片 → つぶす
赤唐辛子 … 1本
オリーブオイル … 大さじ2
塩 … 少々

スパゲッティ … 100g
└ 塩 … 小さじ2

→ 湯を沸かし、具材
を炒めたらパスタ
をゆでる（13〜16
ページ）

作り方

1 フライパンにオリーブオイル、にんにく、赤唐辛子を入れて
　弱火にかけ、香りが立ったらソーセージを加え、じっくりと
　両面を焼く。

2 ケールを凍ったまま加えて炒め、火を止める。

3 ゆで汁大さじ2を2回に分けて加えてなじませ、ソースにする。

4 ゆで上がったパスタ、パルミジャーノを少し残して加えてあ
　え、味をみて塩でととのえる。器に盛って、残りのパルミジャ
　ーノをかける。

冷凍野菜は
凍ったまま
炒めてOK

episode

「まずい、もう1杯！」で
有名になったケール。苦
みが強烈な印象ですが、
今では品種改良され、す
ごく食べやすくなりまし
た。青汁もいいけど、パ
スタの具にして健康美
をキープ。ソーセージや
ベーコンなど味のしっか
りしたものと合わせると
おいしく食べられます。

生ハムとなすと スナップえんどうのパスタ

生ハムが余ったら加熱しておいしく食べます。
香りがすごくいいので、食欲をそそり
風味のいい油を吸ったなすがたまりません。

生ハム

なす

スナップえんどう

↓

パスタがゆで上が
る2分前に入れて
一緒にゆでる

with
Pasta

パルミジャーノ

材料

生ハム … **2枚** → 4cm長さにちぎる

なす … **½本** → 5mm厚さの輪切り

スナップえんどう … **8本**
　　→ 筋を取る

パルミジャーノ … **10g**
　　→ すりおろす

にんにく … 1片 → つぶす
赤唐辛子 … 1本
オリーブオイル … 大さじ2
バター … 大さじ½

スパゲッティ … 100g
└ 塩 … 小さじ2
→ 湯を沸かし、具材を炒め
たらパスタをゆでる（13
〜16ページ）

作り方

1 フライパンにオリーブオイル、にんにく、赤唐辛子を入れて弱火にかけ、香りが立っ
　たら生ハムを入れてカリッとするまで炒め、いったん取り出す。

2 空いたフライパンになすを入れて両面を焼き、生ハムを戻して火を止める。

3 パスタのゆで汁大さじ2を2回に分けて加えてなじませ、ソースにする。

4 ゆで上がったパスタとスナップえんどう、バターを加え、パルミジャーノを少し残
　して入れて、あえる。器に盛って、残りのパルミジャーノをかける。

生ハムは
カリッとしたら
取り出す

なすとブロッコリーのパスタ ソーセージ添え

大きなソーセージがあるときは、そのまま焼いて、豪快にどーんと盛りつけて、迫力満点の一皿に。たまには、こんなわくわくするパスタもいかがですか。

なす

ブロッコリー

↓

with
Pasta

パスタがゆで上がる2分前に入れて一緒にゆでる

ソーセージ

パルミジャーノ

元気になるよ！

材料

なす … ½本
→ 1cm厚さに一口大に切る

ブロッコリー … 3房
→ 食べやすい大きさに切る

ソーセージ (大) … 1本

パルミジャーノ … 10g
→ すりおろす

にんにく … 1片 → つぶす
赤唐辛子 … 1本 → 小口切り
オリーブオイル … 大さじ2
粗びき黒こしょう、ハーブソルト … 各少々

スパゲッティ … 100g
└ 塩 … 小さじ2
→ 湯を沸かし、具材を炒めたら
　パスタをゆでる（13～16ページ）

作り方

1 フライパンにオリーブオイル、にんにく、赤唐辛子を入れて火にかけ、ソーセージをじっくり焼く。途中でなすも入れて焼き色をつけ、火を止める。ソーセージは取り出す。

2 ゆで汁大さじ2を2回に分けて加えてなじませ、ソースにする。

3 ゆで上がったパスタとブロッコリー、パルミジャーノを加えてあえる。器に盛って黒こしょう、ハーブソルトをふり、ソーセージを添える。

Toppings

焼きのり　　レモン

めんつゆ

青じそ

かんろ
しょうゆ

タバスコ

ごま　　ナッツ

粗びき
黒こしょう

温泉卵

粉チーズ

七味
唐辛子

●焼きのり
ちぎってパラパラと。和風パスタ
のときに。
●レモン
ぎゅっと搾って汁をまわしかける
と味がしまる。味変の定番。
●青じそ
どんなパスタにも合う万能の日本
のハーブ（37、48ページ）。
●めんつゆ
仕上げにふるとしょうゆ風味とと
もにだしのうまみも加わる。
●かんろしょうゆ
仕上げにふると風味豊かに。坪田
醤油製造所のものを愛用。
●ごま
意外に万能。何にでもかけてみて。
●ナッツ
おつまみ用のアーモンド、カシュ
ーナッツ、ピスタチオなどを砕い
て。歯ごたえを楽しむ。
●温泉卵
とろーりからめて。
●粗びき黒こしょう
ひとふりで味がしまる。
●粉チーズ
うちではナポリタンの必需品。
●タバスコ®
手軽にピリ辛に。ひとふりでたち
まちアメリカン。
●七味唐辛子
辛みと風味でひと味違う味わいに。

お好みで
パスタにトッピング

　もちろん、そのまま食べておいしい一皿を目指して作りま
すよ。でもこれは家パスタ。せっかくなので、途中でひと味加
えて自分好みにアレンジする、なんていうのも楽しいじゃな
いですか。レモンをたっぷり搾って酸味をきかせたり、ナッ
ツやごまで香ばしさと食感を楽しんだり。温泉卵をのせれば
気分も上がります。辛みと塩加減は、特に好みが分かれると
ころなので、各々で追加することで、家族みんなが満足でき
る食卓になると思います。

PART2

Tomato Sauce
& Carbonara

トマトソースパスタとカルボナーラ

　結婚して間もない頃、ともだちのひとりから「にんにくとオリーブオイルとトマト缶を煮つめるだけでトマトソースができるらしいよ。本当か知らないけど、それってすごくない？」という情報をもらったんです。それが今の私のトマトソースです。

　基本のトマトソースはシンプルですが、気分で赤唐辛子を加えます。玉ねぎ、にんじん、セロリなどの香味野菜を加えるときもあるし、自由にアレンジできると思います。

　カルボナーラの作り方を最初にみたのは、独身時代にヨーロッパ旅行をしたとき。たまたま流れていたテレビの料理番組で、カジュアルな服装の人物が、ひとりで解説しながら、右手で材料を加え、左手でフライパンをふりながら全工程を完成させていました。アシスタントとエプロン必須の日本の料理番組とは全く違う姿が、すごくかっこよく見えました。このときめきのおかげで、カルボナーラは完全にヨーロッパ寄り。シンプルな材料で作るカルボナーラを堪能していただきたいと思います。

シンプルな
トマトソース
パスタ

トマトソースさえ作ってあれば、
パスタをゆでるだけで、
すぐにできます。
ひとりランチや何も材料がないときにも、
パルミジャーノをたっぷりかけてリッチな一品に。

トマトソース

トマトソースを温めて、ゆで上がったパスタをからめればでき上がり。これは最もシンプルなトマトソースパスタですが、トマトソースを温める前のフライパンで玉ねぎを炒めて、さらにうまみをたすこともできます。玉ねぎを炒めるタイミングで数種類の具材を炒めれば、64ページ以降で紹介するような具だくさんのトマトソースパスタができます。ベーコン、ソーセージのほか、えびやたこといった魚介類を使うなどメニューの幅は無限大です。

材料

トマトソース (62ページ)
… ½ カップ

粗びき黒こしょう … 少々

パルミジャーノ … 好みの量 → すりおろす

スパゲッティ … 100g
└ **塩 … 小さじ2**
→ 湯を沸かし、パスタをゆでる（13〜16ページ）

作り方

フライパンにトマトソースを入れて温め、ゆで上がったパスタを加えてからめる。器に盛り、好みでパルミジャーノ、黒こしょうをふる。

 →  →  →

トマトソースの作り方

トマトソースの作り方はいたって簡単。トマトの水煮缶を煮つめるだけ。せっかく作るのだから、いろいろなトマトソースパスタやほかの料理に使って楽しめるよう多めに作っています。ここでは、トマト缶2缶分の分量を掲載しますが、ふだんは倍の4缶分まとめて作ることもあります。1缶で作る場合は、ほかの材料も半量にしてください。

料理のやる気を高めるためには形から入ってもいいんじゃない？　見た目のかわいいお鍋や使いやすそうな道具を揃えて、料理のやる気を高めていますが、これは食材も同  じ。トマト缶も、見た目のかわいいチェリートマト缶を愛用しています。味も濃くてお気に入り。いつでも使えるように買い置きしてあります。もちろんホールトマト缶でもダイストマト缶でもお好みで。モンテベッロ ダッテリーニトマト缶（400g）。ネットショップで購入可。

材料（作りやすい分量）

トマトの水煮缶 … 2缶 (800g)

にんにく … 2片 → つぶす
（好みで）赤唐辛子 … 1本
オリーブオイル … 大さじ4
塩 … 小さじ½〜1

メモ - - - - - - - - - -
トマト缶の代わりにトマトジュースで
もおいしくできます。食塩が含まれる
ジュースを使う場合は、味をみて塩を
加減してください。

材料はこれだけ。とてもシンプル。

作り方

1 鍋にオリーブオイル、にんにく、赤唐辛子を
　入れて弱火にかけ、じっくり炒める。

2 にんにくの香りが立ったらトマト缶を加え、
　へらでつぶし、ときどき混ぜながら半量程度
　になるまで中火で煮る。煮つめ加減は好みだ
　が、鍋底にへらをつけてすべらせたときに、鍋
　底が見えるようになるまでが目安。塩で味を
　ととのえる。

Point

**小分けにして
保存しておくと便利**

トマトソースは1食分の
約½カップずつポリ袋に
入れて保存している。冷
蔵で3日間、冷凍で2週間
くらい保存可能。トース
トやスクランブルエッグ、
グラタンやドリアなどに
も活用できる。

ブロッコリーとソーセージの
トマトソースパスタ

トマトソースができていれば、具だくさんのパスタもいろいろできます。
オイルパスタの要領で、具の材料をフライパンで炒めたところに
トマトソースを混ぜればソースの完成。ゆで上がったパスタとあえます。

ブロッコリー

↓

with Pasta

パスタがゆで上がる2分前に入れて一緒にゆでる

ソーセージ

トマトソース

材料

ブロッコリー … 5房
　→ 1房を食べやすい大きさに切り分ける

ソーセージ … 2〜3本 → 5mm厚さの斜め切り

トマトソース (62ページ) **… ½カップ**

オリーブオイル … 大さじ½
塩、粗びき黒こしょう … 各少々

スパゲッティ … 100g
└ **塩 … 小さじ2**
　→ 湯を沸かし、トマトソースを温め始めたら、パスタをゆでる (13〜16ページ)

作り方

1 フライパンにオリーブオイルを熱し、ソーセージを入れて両面を焼き、トマトソースを加えて温め、火を止める。

2 ゆで上がったパスタとブロッコリーを加え、からめる。味をみて塩でととのえる。器に盛り、黒こしょうをふる。

ブロッコリーは
パスタと一緒に
ゆでる

ソーセージ

小松菜
コーン

↓

with
Pasta

パスタがゆで上が
る30秒前に入れ
て一緒にゆでる

トマトソース

コーンとソーセージとトマトソース
の組み合わせは、家族が好きなので
よく作るパスタ。彩りと栄養のため
に、家にあれば小松菜も加えます。

ソーセージ小松菜コーンのトマトソースパスタ

材料

ソーセージ … 2本 → 5mm厚さの斜め切り

小松菜 … 2枚 → 3〜4cm長さに切る

コーン（冷凍）… **大さじ2**

トマトソース（62ページ）… **½カップ**

オリーブオイル … 大さじ½
塩 … 少々

スパゲッティ … 100g
└ 塩 … 小さじ2
→ 湯を沸かし、トマトソースを温め始めたら、
　 パスタをゆでる（13〜16ページ）

作り方

1 フライパンにオリーブオイルを熱し、ソーセージ
　 を入れて両面を焼き、トマトソースを加えて温め、
　 火を止める。

2 ゆで上がったパスタと小松菜とコーンを加え、か
　 らめる。味をみて塩でととのえる。

プチトマト

トマトソース

プチトマトを入れ、見た目も華やか
に。プチトマトは甘みが増すのでぜ
ひ焼いてほしいです。焼くときにマ
ヨネーズを使うと、コクのある味に。

ダブルトマトパスタ

材料

プチトマト … 5個 → 半分に切る

トマトソース（62ページ）**… ½カップ**

オリーブオイル（またはマヨネーズ）**… 大さじ½**

パルミジャーノ … 好みの量 → すりおろす

スパゲッティ … 100g
└ **塩 … 小さじ2**
　→湯を沸かし、トマトソースを温め始めたら、
　　パスタをゆでる（13〜16ページ）

作り方

1 フライパンにオリーブオイルを熱し、プチトマト
　を入れて焼き、全体に焼き色がついたらいったん
　取り出す。

2 1のフライパンにトマトソースを入れて温め、プ
　チトマトを戻して火を止める。

3 ゆで上がったパスタを加え、からめる。器に盛っ
　て、パルミジャーノをふる。

ソーセージ

なす

ピーマン

トマトソース

パルミジャーノ

ソーセージとなすとピーマンは、トマトソースによく合うおすすめの組み合わせ。ソーセージをごろっと大きいまま使う日もあり、気分が上がります。

ソーセージとなすピーマンのトマトパスタ

材料

ソーセージ … 2〜3本

なす … ½本 → 5mm厚さの輪切り

ピーマン … 1個 → 5mm厚さの輪切り

トマトソース (62ページ) … ½カップ

パルミジャーノ … 10g → すりおろす

オリーブオイル … 大さじ½

塩、粗びき黒こしょう … 各少々

スパゲッティ … 100g → 湯を沸かし、トマトソースを
└ 塩 … 小さじ2　　　温め始めたら、パスタをゆでる（13〜16ページ）

作り方

1 フライパンにオリーブオイルを熱し、ソーセージを焼く。焼き色がついたら返し、なす、ピーマンも入れて炒める。なすに火が通ったらトマトソースを加えて温め、火を止める。

2 ゆで上がったパスタ、パルミジャーノを加えてからめ、味をみて塩でととのえる。器に盛って、黒こしょうをふる。

たこのトマトソースパスタ

材料

ゆでだこ … 100g → ぶつ切り

玉ねぎ … ¼個 → 縦に薄切り

トマトソース (62ページ) … ½カップ

パルミジャーノ … 10g → すりおろす

(好みで) 赤唐辛子 … 1本
オリーブオイル … 大さじ½

スパゲッティ … 100g
└塩 … 小さじ2
　→湯を沸かし、トマトソースを温め始めたら、
　　パスタをゆでる（13〜16ページ）

作り方

1 フライパンにオリーブオイルを熱し、玉ねぎ、たこ、赤唐辛子を入れて炒める。玉ねぎがしんなりしたらトマトソースを加えて温め、火を止める。

2 ゆで上がったパスタ、パルミジャーノを加えてからめる。

たこのうまみがトマトソースと相性抜群。香味野菜の玉ねぎも合わせると、味に深みが増します。

たこ

玉ねぎ

トマトソース

パルミジャーノ

味は太鼓判

さば缶の
トマトソースパスタ

トマトソースとさば缶を合わせたら、驚きのおいしさで、
「ありがとう、さば缶」。
トマトソースがあるときは、パルミジャーノも混ぜて、
手軽にできる栄養満点のパスタをぜひ作ってみてください。

さば缶

トマトソース

パルミジャーノ

材料

さばの水煮缶 … **½缶** (90g) → ざっとほぐす。汁ごと使う

トマトソース (62ページ) … **½カップ**

パルミジャーノ … **10g** → すりおろす

しょうゆ … 少々

スパゲッティ … 100g
└ 塩 … 小さじ2
　→ 湯を沸かし、トマトソースを温め始めたら、パスタをゆでる（13〜16ページ）

作り方

1 フライパンにトマトソース、さば缶、しょうゆを入れて火
　にかけ、少し煮つめて、火を止める。
2 ゆで上がったパスタとパルミジャーノを入れてからめる。

えびのトマトクリームパスタ

トマトソースに牛乳を混ぜた、トマトクリームソースのパスタも好きな味。
トマトソースと牛乳の割合は、好みで加減を。
トマトソース多めでも牛乳多めでも、
どちらでもおいしくできます。

えび

アスパラガス
パスタがゆで上がる2分前に入れて一緒にゆでる。
→ with Pasta

しめじ　　トマトソース

牛乳

パルミジャーノ
バター

材料

むきえび（背わたを除く）… **6尾**

アスパラガス … **2本** → 3cm長さの斜め切り

しめじ … **¼パック**（25g）→ ほぐす

トマトソース（62ページ）… **大さじ3**

牛乳 … **150㎖**

パルミジャーノ … **10g**
　　→ すりおろす

バター … **大さじ½**

にんにく … 1かけ → つぶす
オリーブオイル … 大さじ1
塩 … 少々

スパゲッティ … 100g → 湯を沸かし、ソースを煮始めたら、
└ 塩 … 小さじ2　　　　　パスタをゆでる（13〜16ページ）

作り方

1 フライパンにオリーブオイル、にんにく
　を入れて弱火にかけ、香りが立ったらえ
　び、しめじを入れて焼く。えびの両面に
　焼き色がついたらいったん取り出す。

2 1のフライパンにトマトソース、牛乳を入

れて混ぜ、とろみがつくまで煮て、えび
を戻して火を止める。

3 ゆで上がったパスタとアスパラガス、パ
ルミジャーノ、バターを加えてからめる。
味をみて塩でととのえる。

まろやか～

73

基本の
カルボナーラ

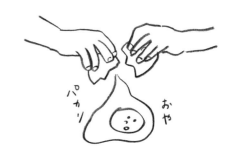

いつも家にある材料ばかりなので、
思いついたときにすぐに作ることができます。
黒こしょうをたっぷりひいて、熱々をめしあがれ。

　とにかく卵が好きです。卵黄だけ、もしくは
全卵＋卵黄で作るレシピはすばらしいけれど、
やっぱり、全卵を無駄なく使えるのなら、そん
なありがたいことはない。家パスタとはそうい
うものでしょ。基本のカルボナーラは、本場の
グアンチャーレやパンチェッタのように、おい
しい脂がノリノリのベーコンで作るのがおすす
めです。基本の作り方に慣れてきたら、今度は
ちょっとアレンジしてみよう。本場イタリア人
がきいたら怒るかな。炒めたパン粉を仕上げに
ふったり、ベーコンの代わりにミートボールを
使ったり。思いつきでアレンジするのも、家パ
スタならではで楽しいです。

1人分で全卵1個を使うだけと、材料はシンプル。

基本の
カルボナーラ

材料

卵液
- 卵 … 1個
- パルミジャーノ … 20g
- 粗びき黒こしょう … 適量

ベーコン（ブロック）… 40g
→ 7mm角の棒状に切る

オリーブオイル … 大さじ1

粗びき黒こしょう … 適量

パルミジャーノ（仕上げ用）… 好みの量
→ すりおろす

スパゲッティ … 100g
└ 塩 … 小さじ2
→ 湯を沸かし、ベーコンを炒めたら、パスタを
ゆでる（13〜16ページ）

作り方

1 卵液を用意する。卵を割って、パルミジャーノをおろし入れ、黒こしょうを加え、よく混ぜる。

2 フライパンにオリーブオイルとベーコンを入れて弱火にかけ、香ばしい焼き色がついてカリ
カリになったら火を止める。

3 2にゆで汁大さじ1を加えてよくなじませる。オイルとゆで汁は同量が目安なので、ベーコン
から脂が出て増えていたら、ゆで汁も増やす。

4 ゆで上がったパスタを加え、ソースとからめる。

5 1の卵液を加え、手早くからめる。弱火にかけて、とろみがついてくるまで混ぜ続ける。器に
盛り、好みの量の黒こしょう、パルミジャーノをふる。

メモ ーーーーーーーーーーーーーーーーーーーーーーーーー
様子をみて、火からおろしたり、また火にかけたりを何回かくり返すとうまくからみます。

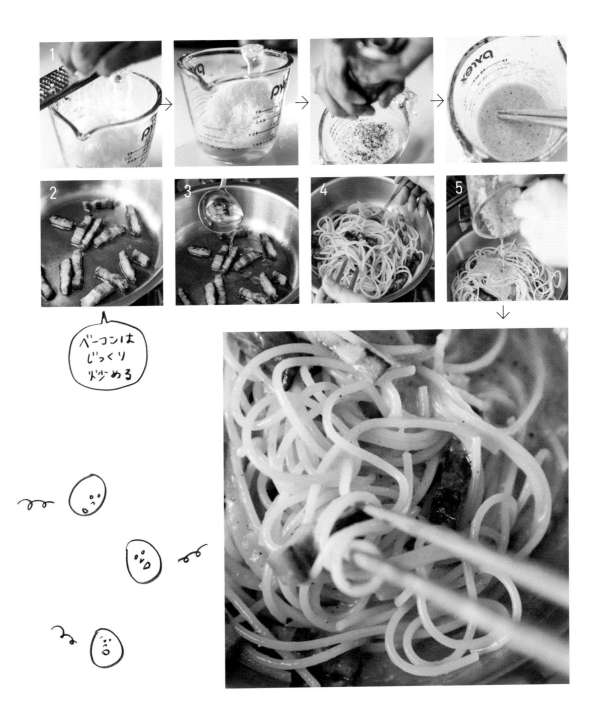

ベーコンは
じっくり
炒める

レモンバター
カルボナーラ

レモンの味が口いっぱいに
広がる軽やかな味。
オリーブオイルでベーコンを
炒める代わりに、フライパンには
レモンバターを用意します。
あとのせのパン粉が
さくさくしておいしい。

レモン

卵

パン粉

バター

パルミジャーノ

Point

**レモンを搾るのは
手が簡単**

ジェイミー・
オリバーの
搾り方

レモンは切る前に手で前後に5〜6回ころがし
て実をやわらくしてから、半分に切って、も
う片方の手のひらで種を受けながら、片手で
ぎゅっと搾る。

材料

レモン（国産）… **½個**
　→ 汁を搾り、皮はすりおろして3等分する

卵液

　卵 … **1個**
　パルミジャーノ … **20g**
　粗びき黒こしょう … **適量**
　　レモンの皮のすりおろし … 上の⅓量

バター … **大さじ1**
カリカリパン粉
　パン粉 … **½カップ**
　レモンの皮のすりおろし … 上の⅓量
　塩、こしょう … 各少々
　オリーブオイル … **大さじ1**
アーモンド … **5粒** → 砕く
粗びき黒こしょう … **適量**

スパゲッティ … **100g**
└ **塩** … **小さじ2**
　→ 湯を沸かし、パン粉を炒めたら、
　　　パスタをゆで始める（13〜16ページ）

作り方

1　卵液を用意する。卵を割って、パルミ
　ジャーノをおろし入れ、黒こしょう、レ
　モンの皮のすりおろしを加え、よく混
　ぜ合わせる。

2　カリカリパン粉を作る。フライパンに
　オリーブオイルを熱し、パン粉、レモン
　の皮のすりおろし、塩、こしょうを入
　れてカリカリに炒めて取り出す。

3　2のフライパンをさっと拭き、バター、
　レモン汁、パスタのゆで汁大さじ1を入
　れて混ぜ、なじませる。

4　ゆで上がったパスタを加えて混ぜ、1の
　卵液を加え、手早くからめる。弱火にか
　けて、とろみがついてくるまで混ぜ続
　ける。

5　仕上げに2のカリカリパン粉適量、アー
　モンド、黒こしょう、残りのレモンの皮
　のすりおろしをふりかける。カリカリ
　パン粉を追加しながら食べる。

メモ ーーーーーーーーーーーーーー
カリカリパン粉を作るときのオリーブオイルに、にんにくの
みじん切り1片分を入れて、にんにく風味にしても。

カリカリ
パン粉が
決め手

**冷凍した食パンを
おろしてパン粉に**

パン粉はいつも、冷凍
庫に常備している食パ
ンを、必要なときに耳
つきのまま大根おろし
器ですりおろしている。
8枚切りの食パン½枚
が、約½カップ分のパ
ン粉になる。

ミートボールの
カルボナーラ

ミートボール
卵
パルミジャーノ
青じそ

ベーコンの代わりにミートボールを使います。手作りのひき肉だねで作っていますが、市販のハンバーグだねを使うなど、あるものを手軽に利用することがあってもいいと思います。青じその香りがアクセントになり、何度でも食べたくなる味です。

材料

ミートボールだね
（ひき肉だね100g分）… **6個**

卵液
| 卵 … **1個**
| パルミジャーノ … **20g**
| 粗びき黒こしょう … **適量**

青じそ … 3枚 → 細切り（48ページ）

オリーブオイル … 大さじ1
パルミジャーノ（仕上げ用）… 好みの量
→ すりおろす

スパゲッティ … 100g →湯を沸かし、ミート
└ **塩 … 小さじ2** ボールがほぼ焼け
たら、パスタをゆで
る（13～16ページ）

作り方

1 卵液を用意する。卵を割ってパルミジャーノをおろし入れ、黒こしょうを加え、よく混ぜる。

2 フライパンにオリーブオイルを熱し、ミートボールだねを入れて焼く。全体に焼き色がついて中まで火が通ったら火を止める。

3 2にゆで汁大さじ1を加えてなじませる。

4 ゆで上がったパスタを加えて混ぜ、1の卵液を加え、手早くからめる。弱火にかけて、とろみがついてくるまで混ぜ続ける。青じそを混ぜて器に盛り、パルミジャーノをかける。

うちのいつもの
ひき肉だね

材料 (作りやすい分量)

合いびき肉 … 200 g

玉ねぎ … ¼個 → みじん切り

卵 … 1個

パン粉 … 大さじ4
　→ 牛乳小さじ2でふやかす
ケチャップ … 大さじ1
とんかつソース、マヨネーズ
　… 各小さじ1
塩、こしょう … 各少々

作り方

ボウルにすべての材料を入れて
混ぜる。

episode

ひき肉だねは、材料をただ混ぜ
るだけ。ケチャップ、ソース、マ
ヨネーズを入れるのでしっとり
ジューシー。ミートボールにす
るときは12等分して丸めて、ハ
ンバーグのときは6等分にして
円形にまとめます。いつも多めに
作って冷凍しています。

毎日使う器は、
これだけ

Dishes

ふだん使いの器
は、家族が手荒
に扱っても割れ
る心配をしなく
てすむよう、ほ
とんど全面物理
強化ガラスの器。

パスタが大盛りに見えるワケ

　Instagram に投稿しているパスタの
写真は、ずいぶん大盛りに見えますが、
量はいつもスパゲッティ100g分なの
で、たっぷり盛っているわけではありま
せん。Instagram を始めた頃は、平皿で
撮影したこともありましたが、盛りつ
け直しているうちにパスタが冷めてし
まうときもあり、今はもっぱら縁が立
ち上がっている直径約16cmの浅いボウ
ルに盛っています。小さめの器に山高
に盛りつけるほうが写真映えする気が
して、自分には合っています。

「〇〇のパンまつり」と
同じ フランス製の器です!

いつもパスタを盛りつけてい
る器はこれ。arc (アルク) リュ
ミナルクシリーズのボウル
(直径16.5cm、高さ4.5cm)。

PART 3

ご当地パスタ

Tastes of Aichi

　うちでは、地元の喫茶店メニューやスパゲッティ専門店でおなじみのパスタも作っています。

　私の住んでいる愛知県では、ナポリタンといえば、卵が敷いてあって鉄板にのって出てくるもの。このナポリタンは、小さい頃からなじみ深い大好きな味。たくさんの大人がいる環境で育ったので、頻繁に喫茶店に連れていってもらっていましたが、そのときに注文していたのがナポリタン。今でもメニューにあったら選んじゃいますね。

　あんかけスパを最初に食べたのは名古屋市にある専門店。ほおばったあんが想定外のピリ辛で、すごい独創性に感動しました。

　それから、もうひとつ、人気の喫茶店メニューのツナおろし。これらの3つの地元の味は、たまに食べたくなる欠かせない家パスタメニューです。

鉄板ナポリタン

子どもの頃からのなじみ深い大好きな味。
卵＋ケチャップ味は、オムライスのパスタ版!?

→作り方は86ページ

家族に大人気

あんをからめて
めしあがれ

あんかけスパゲッティ

これも地元の味。だし汁で和風の味つけにアレンジしています。

→作り方は88ページ

鉄板ナポリタン

調味料が知りたくて、訪れた喫茶店の店主が優しそうだったときには勇気を出して、「ソースには何が入っているのか、ひとつだけでも知りたいです」。とか何とか質問して、聞き出すことに成功したことも。

鉄板に敷く卵は2個分。この量は譲れない。麺とからめて熱々をほおばるのは至福のひとときです。

息子たちのお弁当にもよく持たせていました。大きなお弁当箱に麺を詰め、上から卵をどーんとのせて。こういうお弁当の日は「また作って」とか「ともだちがちょっとちょうだいって言った」とか、いつもにはない感想つきでうれしかったものです。

うちでは直径16cmのスキレットで作っています。

ソーセージはハムやベーコンでも。野菜は、好みのものをたしても。ソースは、ウスターソースの代わりにお好み焼きソースを使っても。その場合、砂糖は入れません。

材料

ソーセージ … **2本** → 7mm厚さの斜め切り

ピーマン … **1個** → 5mm厚さの輪切り

玉ねぎ … **¼個** → 縦に薄切り

しめじ … **¼パック** (25g) → ほぐす

卵 … **2個** → 溶きほぐす

オリーブオイル … 大さじ1

A	ケチャップ … 大さじ4	
	ウスターソース … 小さじ1	
	砂糖 … 小さじ½〜1	混ぜ合わせる
	牛乳 … 大さじ2	
	しょうゆ … 少々	

バター … 大さじ½

塩 … 少々

(好みで) 粉チーズ、粗びき黒こしょう、タバスコ® … 各適量

オリーブオイル … 少々 → スキレットに塗ってなじませておく

スパゲッティ … 100g → 湯を沸かし、ソースを煮つめたら表示時間通り (少し長くてもいい) パスタをゆでる
└ 塩 … 小さじ2

作り方

焼き色を
つけるのが
ポイント

フライパンにオリーブオイルを熱し、玉ねぎ、ソーセージを入れ、ソーセージの両面に焼き色がつき、玉ねぎがしんなりしたらピーマン、しめじを加えて炒め合わせ、いったん取り出す。

ケチャップ
くらいの濃度
まで煮つめる

空いたフライパンに混ぜ合わせておいたAを入れ、とろっとするまで煮つめる。

半熟に
なったら
盛りつけ

2のソースに1の具を戻して混ぜる。ゆで上がったパスタ、バターを加えて混ぜ、塩で味をととのえる。

スキレットをよく熱し、卵液を流し込み、半熟になったら3のナポリタンを山高になるようのせて完成！　好みで粉チーズ、黒こしょう、タバスコをふる。

87

あんかけ スパゲッティ

　あんかけスパゲッティは、あんを器に敷いた上に麺をのせ、あんをからめながら食べます。うちでは具材はそのときにあるもので作っています。もっとボリュームがほしいときは、えびフライやハンバーグ、目玉焼きをのせることもあります。ちびっ子にもぜひ食べてもらいたいので、このレシピは辛くしていませんが、具を炒めるときやあんに赤唐辛子を加えたり、食べるときにタバスコや黒こしょうをきかせてピリ辛にするのが王道です。粉チーズをふりながら食べるのもおいしいです。お店では具材やトッピングの種類も豊富です。アレンジ自在なので、家パスタとしても楽しく作れると思います。

具は好みのものでアレンジ自在。具を炒めるときやあんに赤唐辛子を加えて大人仕様にしても。あんに使うトマトソースの甘みがたりないときは砂糖大さじ½をたす。

材料

ハム … **2枚** → 4cm長さ、1cm幅に切る

ピーマン … **1個** → 5mm厚さの輪切り

玉ねぎ … **¼個** → 縦に薄切り

しめじ … **¼パック**（25g）→ ほぐす

オリーブオイル … 大さじ2

あん

A │ だし汁 … 100mℓ
　│ トマトソース（62ページ）
　│ 　… 大さじ2
　│ しょうゆ … 大さじ1
　│ 酒 … 大さじ1
　└ 水溶き片栗粉（片栗粉大さじ½
　　 を水大さじ1で溶いたもの）

粗びき黒こしょう … 適量

スパゲッティ … 100g
└ 塩 … 小さじ2
　→ 湯を沸かし、具材を炒めたら、
　　 表示時間通りパスタをゆでる

**トマトソースが
ないときは**

トマトソースの代わりに、ケチャップ大さじ2、ウスターソース大さじ½、様子をみて砂糖少々を使う。

メモ - - - - - -

子どもが食べるときは、トマトソースは赤唐辛子を使っていないものにしてください。

とろ～り

作り方

1
小鍋にあんの材料のAを入れて煮立て、水溶き片栗粉を加えてとろみをつける。

2
フライパンにオリーブオイルを熱し、ハム、玉ねぎ、ピーマン、しめじを入れてしんなりとするまで炒め、火を止める。

3
器にあんを入れておく。

箸でねじって
山高に盛る

4
2のフライパンにゆで汁大さじ2を2回に分けて加えてなじませる。

5
ゆで上がったパスタをフライパンに入れ、あえる。

6
3のあんの上に5のパスタを盛りつけてでき上がり！ 好みの量の黒こしょうをふる。

喫茶店の
大人気メニュー

ツナおろし
スパゲッティ

あっさりだけどうまみたっぷり。
ぽん酢しょうゆで食べる
スパゲッティは大好物。
地元の喫茶店メニューを
アレンジしました。
ツナ缶はオイル漬けを使ってください。

　地元のおしゃれな喫茶店、今でいう
カフェの定番メニューが、たらこスパ
とツナおろし。当時のおませな高校生
は、お小遣いを持って部活帰りに女子
会するんですよ。その喫茶店で出合っ
たのがツナおろし。しょうゆをまわし
かけて食べるのが、なんだかほっとす
る味で、おしゃべりも弾みました。こ
れもまた喫茶店によってそれぞれ味に
特徴があり、食べ歩きも楽しかったで
す。今ではすっかりうちの定番になり
ました。当時の喫茶店ではしょうゆが
用意されていましたが、ぽん酢しょう
ゆでもめんつゆでもお好みで。

材料

ツナ缶 (オイル漬け) … ½缶 (35g)
 → オイルごと使う

玉ねぎ … ¼個 → 粗みじん切り

大根おろし … 大さじ3くらい

青じそ … 2枚 → せん切り (37ページ)

焼きのり (全形) … ¼枚

オリーブオイル … 大さじ1と½
バター … 大さじ½
しょうゆ … 少々
ぽん酢しょうゆ … 少々

スパゲッティ … 100g
└ 塩 … 小さじ2
 → 湯を沸かし、玉ねぎを炒めたら、パスタをゆでる
 (13〜16ページ)

ソースに使うのは玉ねぎとツナだけ。大根おろしをのせて、青じそとのりで仕上げる。

作り方

1 フライパンにオリーブオイル、玉ねぎを入れて弱火にかけ、とろっとするまで炒める(炒め玉ねぎ・107ページ)。

2 ツナを加えてさっと炒め、しょうゆを加えてひと混ぜし、火を止める。

3 ゆで汁大さじ2を2回に分けて加えてなじませ、ソースにする。

4 ゆで上がったパスタ、バターを加えてあえる。器に盛り、大根おろし、青じそをのせ、のりをちぎってちらす。ぽん酢しょうゆをかける。

これがうまみの素 Soffritto

PART 4

There are more!

ほかにもいろいろ 家パスタ

　幼い頃の家パスタといえば、ゆで上がったスパゲッティに缶詰のミートソースをたっぷりかけて、粉チーズをふって食べるミートソーススパゲッティが定番でした。それはそれで、幼い自分にとってはごちそうでした。その影響もあり、うちのミートソースは和風仕上げ。遠い昔を思い出すような、懐かしいほっとする味に仕上がります。

　今はうちのパスタは、オイルソースが中心ですが、身近な和の食材で作ることも多いです。でもそこはやっぱりパスタ。オリーブオイルは欠かせませんね。鍋肌に入れるしょうゆの香ばしさとバターでコクを出したり、ぽん酢しょうゆやめんつゆをかけながら食べたり、手軽に楽しむことができます。ひとりランチのときには冒険もして、チーズや生野菜で、あれこれ試しながら作っています。

ぷちぷち
明太しそパスタ

明太子

青じそ

明太子をオリーブオイルで炒めてソースにします。
つぶつぶ状になった明太子の、ぷちぷちした食感がたまりません。
青じその香りがよく合うので、たっぷりと混ぜて仕上げます。

材料

明太子 … ½腹 → 薄皮から取り出す

青じそ … 5枚くらい → 細切り（48ページ）

にんにく … 1片 → つぶす
オリーブオイル … 大さじ2
塩 … 少々

スパゲッティ … 100g
└ **塩 … 小さじ2**
→ 湯を沸かし、明太子を炒めたらパスタをゆでる（13〜16ページ）

½腹

明太子は薄皮から
取り出して使う

明太子は、半分に切ってから、スプーンでこそげて切り口から身を取り出し、薄皮を除いて、ほぐして使う。

作り方

1 フライパンにオリーブオイル、にんにくを入れて弱火にかけ、香りが立ったら明太子を加えて炒め、色が変わったら火を止める。

2 ゆで汁大さじ2を2回に分けて加えてなじませ、ソースにする。

3 ゆで上がったパスタを加えてからめ、青じそも加えてあえる。味をみて塩でととのえる。

レモンを搾って
食べるのがおすすめ

明太バターパスタ

シンプルすぎてごめんなさい。
とにかく青じその香りがよく、
おじいちゃん、おばあちゃんにも大好評。
家族の大好物のパスタです。

明太子　　　青じそ

バター

のり

材料

明太バターソース
　明太子 … ½腹
　　→ 薄皮から取り出す（94ページ）
　バター … 大さじ1
　しょうゆ … 小さじ½
　パスタのゆで汁 … 大さじ1

青じそ … 3枚 → せん切り（37ページ）
焼きのり（全形）**… ¼枚**

（好みで）オリーブオイル、レモン … 各適量

スパゲッティ …100g
└塩 … 小さじ2
　→湯を沸かし、パスタをゆで始めてからソース
　　を作る（13〜16ページ）

作り方

1　明太バターソースを作る。ボウルなどに明太子、バター、しょ
　　うゆ、ゆで汁を合わせておく。
2　ゆで上がったパスタを加えてあえる。
3　器に盛り、青じそをのせ、のりをちぎってちらす。好みでオ
　　リーブオイル、レモンを搾ってかける。

パスタの
ゆで汁を
いれておく

episode

たらこスパは、喫茶店の定番メニューだったので、いろいろなお店の味を楽しんできましたが、自分で作ろうとは全く考えていませんでした。ある日、職場で「たらことバターを混ぜるだけだよ」と教えてもらったんです。驚愕でした。とろっとしたクリームソースタイプも好きですが、うちはこればっかり。本当にお世話になっています。明太子を使うことが多いですが、たらこでもできます。

玉ねぎとにんじんをたっぷり使う。気分で
ベーコンやセロリを加えることもある。トマ
ト缶はチェリートマトの水煮がお気に入り。

材料 (2人分)

ミートソース（作りやすい分量）

| 合いびき肉 … **250g** |
| 玉ねぎ … **大½個** → 粗みじん切り |
| にんじん … **½本** → 粗みじん切り |
| トマトの水煮缶 … **1缶** (400g) |
| にんにく … 1片 → つぶす |
| オリーブオイル … 大さじ1 |
| 小麦粉 … 大さじ½ |
| 酒 … ¼カップ |
| かんろしょうゆ(57ページ) … 大さじ½ |
| 塩 … 少々 |

パルミジャーノ … 好みの量 → すりおろす

スパゲッティ … 200g → ソースができたら、
└ 塩 … 小さじ4　　　湯2ℓを沸かして、
　　　　　　　　　　パスタをゆでる
　　　　　　　　　　(13〜16ページ)

ミートソースパスタ

ミートソースは、ごろっと肉のかたまりがあるのがタイプ。
うちではいつも、トマト缶 1 缶分でミートソースを作ったら、
ゆでたてパスタを直接入れてからめ、2人で食べ切ってしまいます。
パスタに対してソース多めの、つゆだくが好みの夫にはちょうどいい量。
一般的な麺とソースのバランスで作れば、3人分になるかもしれません。

作り方

1 鍋にオリーブオイル、にんにくを入れて弱火
で熱し、香りが立ったら玉ねぎ、にんじんを
加えて炒める。

2 玉ねぎがしんなりとしたら、ひき肉を加えて
炒める。ひき肉はほぐさず、炒めるというよ
り焼くような感じで火を通す。

3 ひき肉の色が変わったら小麦粉をふって
さっと炒め、トマト缶、酒を加え、ときどき
混ぜながら弱火で煮る。約⅔量に煮つまった
ら、かんろしょうゆ、塩で味をととのえる。

4 ゆで上がったパスタを加え、あえる。器に
盛って、パルミジャーノをかける。

ひき肉は
かたまったままで
焦げ目をつける感じ

かんろしょうゆが
かくし味

※かんろしょうゆがない場合
は、普通の濃口しょうゆ大さじ
½、砂糖大さじ½を加える。

ブロッコリー

↓

with Pasta　パスタがゆで上がる2分前に入れて一緒にゆでる

味つけ、とろみつけもコーンスープの素とスライスチーズがあれば簡単。

材料

むきえび（背わたを除く）… **5尾**

コーン（冷凍）… **大さじ2**

ブロッコリー … **3房**
→ 1房を食べやすい大きさに切り分ける

コーンスープの素 … **1袋**

牛乳 … **150㎖**

スライスチーズ … **2枚**

にんにく … 1片 → みじん切り

オリーブオイル … 大さじ1

スパゲッティ … 100g
└塩 … 小さじ2
　　→ 湯を沸かし、ソースがほぼできたら
　　　パスタをゆでる（13〜16ページ）

コーンスープの素で えびブロコーンクリームパスタ

コーンスープの素に牛乳とチーズを加えてパスタソースにする。
遠い昔、銀行の待ち時間にぱらっと読んだ週刊誌にこんな記事が。すごい発明！
それ以来、家パスタの定番になっています。特別な味つけは不要ですが、
にんにく必須、パスタらしく仕上げるのが私のこだわりです。
えびかベーコンを使って、好きなコーンとそのときにある緑の野菜を入れます。

作り方

1 フライパンにオリーブオイル、にんにくを入れて弱火にかける。香りが立ったらえびを入れて中火で両面を焼き、コーン（凍ったままでいい）を加えてさっと炒める。

2 コーンスープの素、牛乳、スライスチーズを加えて混ぜ、とろみがついたら火を止める。

3 ゆで上がったパスタとブロッコリーを加えてあえる。煮つめすぎたらゆで汁適量を加えてとろみを調整する。

えびを
こんがりと

チーズは
ちぎっていれる

Point

コーンスープの素でクリームソースが簡単に

お湯で溶かすだけでスープができるコーンスープの素は、スープ以外にも活用できるので常備している。具を炒めたところに牛乳と一緒に加えて煮るととろみがつき、コーン味のクリームソースが味つけいらずで、簡単に。ホワイトソース系のグラタンやドリアも手軽に作れる。

豚肉なすピーマンの
和風カレーパスタ

少し気分を変えたいときは、カレー粉が大活躍。ほんのひとふりで
わーっと食欲が増します。めんつゆをかけて食べると
さらに大好きなカレーうどん寄りな味になって病みつきなのです。
さめてもおいしいので、お弁当にもおすすめです。

豚こま切れ肉

なす

ピーマン

玉ねぎ

材料

豚こま切れ肉 … 50g

なす … ½本 → 5mm厚さの半月切り

ピーマン … 1個 → 5mm厚さの輪切り

玉ねぎ … ¼個 → 粗みじん切り

カレー粉、めんつゆ … 各小さじ1
オリーブオイル … 大さじ2
ナッツ（ピスタチオ、カシューナッツ） … 大さじ1 → 砕く
白すりごま … 適量

スパゲッティ … 100g
└ 塩 … 小さじ2
　→ 湯を沸かし、具材を炒めたらパスタをゆでる
　　（13〜16ページ）

めんつゆが
決め手

作り方

1　フライパンにオリーブオイルを熱し、玉ねぎを入れて炒め、しんなりと
　　したら豚肉、なす、ピーマンを加えて炒める。豚肉に火が通ったらカ
　　レー粉、めんつゆを加えて混ぜ、火を止める。
2　ゆで汁大さじ2を2回に分けて加えてなじませ、ソースにする。
3　ゆで上がったパスタを加えてあえる。器に盛り、ナッツとごまをふる。

香ばしいナッツと
ごまがアクセント

冷凍ミックスベジタブルを使って、牛乳とチーズを煮つめたチーズクリームソースをからめる、お手軽彩りパスタ。レモンを搾って、フレッシュな風味で味わうのがおすすめ。

これは女子ウケ確実

野菜とベーコンのチーズクリームパスタ

材料

好みのミックスベジタブル (冷凍)
… **100g**

ベーコン (ブロック) … **40g** → 1cm角に切る

パルミジャーノ … **20g** → すりおろす

牛乳 … **100ml**

にんにく … 1片
→ みじん切り

オリーブオイル … 大さじ1

塩、粗びき黒こしょう … 各少々

レモン … 適量

スパゲッティ … 100g
└ 塩 … 小さじ2
→ 湯を沸かし、ソースがほぼできたらパスタをゆでる(13〜16ページ)

作り方

1 フライパンにオリーブオイル、にんにく、ベーコンを入れて弱火にかけ、香りが立ったらミックスベジタブルを加えて炒める。

2 牛乳、パルミジャーノを加え、少しとろみがつくまで弱火で煮る。煮つめすぎたらゆで汁適量を加えて調整して、火を止める。

3 ゆで上がったパスタを加えてあえ、味をみて塩でととのえる。器に盛って、黒こしょうをふり、レモンを搾る。

えびとブロッコリーのチーズクリームパスタ

材料

小えび (背わたを除く) … **10尾**

ブロッコリー … **3房**
→ 1房を食べやすい大きさに切り分ける

パルミジャーノ … **20g** → すりおろす

牛乳 … **100㎖**

にんにく … 1片 → みじん切り
オリーブオイル … 大さじ1
ウスターソース … 少々
塩、粗びき黒こしょう … 各少々

スパゲッティ … 100g
└ 塩 … 小さじ2
→ 湯を沸かし、ソースを作り始めたら、パスタをゆでる（13〜16ページ）

作り方

1 フライパンにオリーブオイル、にんにくを入れて弱火にかけ、香りが立ったら牛乳を入れ、パルミジャーノを少し残して加えて煮る。

2 少しとろみがついたら、小えび、ウスターソースを加え、さっと煮る。煮つめすぎたらゆで汁で調整して火を止める。

3 ゆで上がったパスタとブロッコリーを加えてあえ、味をみて塩でととのえる。器に盛って、残りのパルミジャーノ、黒こしょうをふる。

小えび

ブロッコリー

with Pasta

パスタがゆで上がる2分前に入れて一緒にゆでる

パルミジャーノ

牛乳

生の魚介を使ってチーズクリームパスタを作るときは、ウスターソースをほんの少し加えると、深みのある味になります。

ブロッコリー

玉ねぎ

カマンベールチーズ

牛乳

カマンベールチーズで
濃厚に

自分のためだけに、牛乳にチーズを
溶かしてチーズクリームパスタを作
ります。カマンベールを使うと濃厚
に。黒こしょうを多めにふってパン
チをきかせます。

ブロッコリーのチーズクリームパスタ

材料

ブロッコリー … 8房
→ 1房を食べやすく細めに切り分けて塩ゆでする

玉ねぎ … ¼個 → 粗みじん切り

カマンベールチーズ … 30g

牛乳 … 100㎖

オリーブオイル … 大さじ1
塩 … 少々
粗びき黒こしょう … 適量

スパゲッティ … 100g
└ 塩 … 小さじ2
→ 湯を沸かし、ソースが
ほぼできたらパスタを
ゆでる（13〜16ページ）

作り方

1 フライパンにオリーブオイル、玉ねぎを入れて
炒め、しんなりしたらブロッコリーを加えて
さっと炒める。

2 牛乳、カマンベールチー
ズを加えてチーズを溶
かし、とろみがつくまで
弱火で煮て、火を止める。

3 ゆで上がったパスタを
加えてあえ、味をみて塩でととのえる。器に
盛って、黒こしょうをふる。

牛乳とチーズを煮つめて
ソースにします

　生クリームは常備していないので、クリームソースパスタは牛乳とチーズを煮つめて作っています。パルミジャーノがないときは、扇形やスライスのプロセスチーズ、カマンベールチーズ、クリームチーズ、シュレッドチーズなど、身近なチーズを使ってもおいしくできます。

分量の目安は、パスタ1人分で牛乳100㎖にチーズ20〜30g。かき混ぜながら加熱してとろみをつける。もちろん牛乳でなく、生クリームでも豆乳でも。

いつも使うチーズ
いろいろ

じっくり
ドジめる

Soffritto

「炒め玉ねぎ」も
パスタのうまみの素

　パスタを作るときは、にんにくの代わりに、炒めた玉ねぎをベースにすることも。時間のあるときにまとめて炒めて冷凍しています。「炒め玉ねぎ」があれば、玉ねぎを炒めて作る、以下のパスタが時短でできます。

・鉄板ナポリタン（86ページ）
・ツナおろしスパゲッティ（90ページ）
・ミートソースパスタ（98ページ）
・豚肉なすピーマンの和風カレー
　パスタ（102ページ）
・ブロッコリーのチーズクリーム
　パスタ（106ページ）
・梅干ししらすパスタ（116ページ）

玉ねぎ2個の粗みじん切り（250g）を、バター大さじ2、オリーブオイル大さじ1でとろっとしてくるまで弱火でじっくり炒め、コクのある炒め玉ねぎに。

パスタ1人分＝約大さじ½（玉ねぎ¼個分）ずつラップで包んで冷凍して2週間保存可能。使うときは、オリーブオイル大さじ½で炒めて解凍。

スモークサーモンの
チーズクリームパスタ

スモークサーモンが余ったときには、こんなパスタもおすすめです。
スモークサーモンはさっと温める程度でいいので、手早くできます。

材料

スモークサーモン … **2枚** (20g)

小松菜 … **1株** (50g) → 4cm長さに切る

クリームチーズ (個装) … **1個** (30g)

牛乳 … **100㎖**

にんにく … 1片 → つぶす
オリーブオイル … 大さじ1
粗びき黒こしょう … 適量

スパゲッティ … 100g →湯を沸かし、ソース
└ 塩 … 小さじ2 　 がほぼできたらパ
　　　　　　　　　スタをゆでる（13〜
　　　　　　　　　16ページ）

小松菜

パスタがゆで
上がる1分前
に入れて一緒
にゆでる
with
Pasta

クリーム
チーズ

スモークサーモン

牛乳

作り方

1 フライパンにオリーブオイル、にん
　にくを入れて弱火にかけ、香りが
　立ったらスモークサーモンを加え
　てさっと焼く。

2 クリームチーズ、牛乳を加えてなじ
　ませ、とろみがつくまで煮て、火を
　止める。

3 ゆで上がったパスタと小松菜を加
　えてあえる。器に盛り、黒こしょう
　をふる。

白菜桜えびの
チーズクリーム
パスタ

和の食材の桜えびには、まいたけと
白菜がよく合います。

パスタがゆで
上がる2分前
に入れて一緒
にゆでる

白菜
→
with
Pasta

まいたけ

桜えび

パルミジャーノ

牛乳

材料

白菜 … **1枚** → 食べやすくざく切りにする
まいたけ … **½パック**（50g）→ ほぐす
桜えび（乾燥）… **大さじ1**
パルミジャーノ … **20g** → すりおろす
牛乳 … **100㎖**

にんにく … 1片 → つぶす
赤唐辛子 … 1本
オリーブオイル … 大さじ1
しょうゆ … 少々

スパゲッティ … 100g
└ 塩 … 小さじ2
→湯を沸かし、ソースがほ
ぼできたらパスタをゆ
でる（13〜16ページ）

作り方

1 フライパンにオリーブオイル、
にんにく、赤唐辛子、桜えびを
入れて弱火にかけ、香りが立っ
たらまいたけを加えて炒める。

2 牛乳を加えて煮て、しょうゆ
を加え、火を止める。

3 ゆで上がったパスタと白菜、
パルミジャーノを少し残して
加え、あえる。火にかけてかき
混ぜてとろみを調整する。器
に盛り、残りのパルミジャーノ
をふる。

女子が大好き

水菜のレモンバターパスタ

アンチョビペーストとレモンバターで香りづけして、
水菜を山盛りのせ、混ぜながらいただきます。
シャキシャキした食感のサラダパスタ。

水菜
レモン
パルミジャーノ
アンチョビ
ペースト
バター

材料

水菜 … **3株** → 4cm長さに切る

レモン (国産) … **½個** → 汁を搾り、皮はすりおろす

アンチョビペースト … **小さじ1**

バター … **大さじ½**

パルミジャーノ … **10g** → すりおろす

にんにく … 1片 → つぶす
赤唐辛子 … 1本
オリーブオイル … 大さじ2
粗びき黒こしょう … 適量

スパゲッティ … 100g
└ 塩 … 小さじ2
→ 湯を沸かし、ソースがほぼできたら
　パスタをゆでる (13～16ページ)

作り方

1 フライパンにオリーブオイル、にん
　にく、赤唐辛子、アンチョビペース
　トを入れて炒める。レモン汁、レモ
　ンの皮のすりおろしの半量を加え
　て混ぜ、火を止める。

2 ゆで汁大さじ2を2回に分けて加え
　てなじませ、ソースにする。

3 ゆで上がったパスタ、バター、パル
　ミジャーノを少し残して加え、黒こ
　しょうをふってあえる。

4 器に盛り、水菜をのせ、残りのパル
　ミジャーノ、黒こしょう、残りのレ
　モンの皮のすりおろしをふる。

episode

ひとりランチで作るパスタは、
人に気を使わなくていいので冒
険のチャンス。思いついたレシ
ピでいろいろ試すのが楽しいで
す。生野菜が好きなので、パス
タにサラダをのせちゃう感じで
水菜をいっぱいトッピング。レ
モンを加えてさわやかに仕上げ
て、追いオリーブオイルしなが
ら食べています。生野菜をトッ
ピングするだけで女子ウケ抜群。
水菜をレタス、サラダ菜、ベビー
リーフ、サラダほうれん草など
に換えてもおいしくできます。

フリルレタスと生ハムの焦がしバターパスタ

香ばしいバターの香り、生ハムとパルミジャーノの塩気、
フレッシュなレタスを一緒に味わうサラダパスタです。

フリルレタス

生ハム

バター

パルミジャーノ

材料

フリルレタス … 3枚 → 一口大にちぎる

生ハム … 2〜3枚
　→ 食べやすい長さにちぎる

バター … 大さじ2

パルミジャーノ … 20g → すりおろす

粗びき黒こしょう … 少々

スパゲッティ … 100g
└ 塩 … 小さじ2
　→湯を沸かし、バターを焦がしたら
　　パスタをゆでる（13〜16ページ）

作り方

1 フライパンにバター
を入れて弱火にかけ、
ミルクティーのよう
な色になるまで焦が
し、火を止める。

2 ゆで汁大さじ2を2回
に分けて加えてなじませ、ソースにする。

3 ゆで上がったパスタ、パルミジャーノを少
し残して加え、あえる。器に盛り、フリルレ
タス、生ハムをのせ、残りのパルミジャー
ノ、黒こしょうをふる。

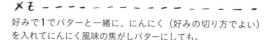

メモ
好みで1でバターと一緒に、にんにく（好みの切り方でよい）
を入れてにんにく風味の焦がしバターにしても。

青じそ好きには
たまらない

青じそペストパスタ

バジルと松の実で作る、イタリアのペスト・ジェノベーゼを、
家では身近な食材に換えて作っています。
ここで紹介するのは、青じそとごまで作るペスト。
香りが命なので、作ったらその日に使い切ります。

ごまのコクと合わさり、青じその香りがぐっと生きる組み合わせ。

材料

青じそペスト (2人分・大さじ4くらい)

青じそ … 20枚 (片手のひらにいっぱい)
白いりごま … 大さじ3
パルミジャーノ … 20g

にんにく … 1片
EXVオリーブオイル … 大さじ2〜3
塩 … 小さじ¼

スパゲッティ … 100g
塩 … 小さじ2
→ 湯を沸かし、ペストを作ったらパスタをゆでる (13〜16ページ)

･ﾟ Point ･ﾟ

にんじんの葉のペストもおすすめ

にんじんの葉が手に入ったときには、青じそをにんじんの葉に換えて作ってみては。ほのかな苦みとにんじんの香りが魅力。ごまは、ピーナッツ、カシューナッツ、マカデミアナッツ、アーモンドなどに換えても。にんじんの葉のほか、パセリ、セロリの葉、春菊でもペストができる。

作り方

1 青じそペストを作る。すべての材料をフードプロセッサーまたはミキサーに入れ、なめらかになるまで攪拌する。

2 ボウルに青じそペスト大さじ2を入れ、ゆで汁大さじ1〜2を加えてのばす。

3 ゆで上がったパスタを加えてあえる。

メモ
青じそペストは、パンに塗ったり、野菜のディップやサラダに加えて使ってもおいしいです。

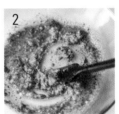

梅干ししらす
パスタ

しらすと梅干しって、どうしてこんなに相性がいいのでしょう。文句なしにおいしいです。炒め玉ねぎでコクを加え、ぽん酢しょうゆをかけて食べる和風パスタです。

梅干し

しらす

玉ねぎ

青じそ

材料

梅干し … **2個** → 粗くちぎり、種を除く

しらす … **大さじ2**

玉ねぎ … **¼個** → 粗みじん切り

青じそ … **3枚** → せん切り（37ページ）

オリーブオイル … 大さじ2
バター … 大さじ½
しょうゆ … 少々
ぽん酢しょうゆ … 少々

スパゲッティ … 100g
└ 塩 … 小さじ2
　→湯を沸かし、具材を炒めたら
　　パスタをゆでる（13〜16ページ）

作り方

1 フライパンにオリーブオイル、玉ねぎを入れて弱火でとろっとするまで炒める（炒め玉ねぎ・107ページ）。鍋肌からしょうゆを加え、火を止める。

2 ゆで汁大さじ2を2回に分けて加えてなじませ、ソースにする。

3 ゆで上がったパスタ、梅干し、しらす、バターを加えてあえる。器に盛り、青じそをのせる。ぽん酢しょうゆをかけて食べる。

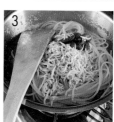

カリカリ
しらすと
野沢菜の
パスタ

豆腐やサラダのトッピングにする
カリカリしらすをパスタにのせま
した。いろんな食感が楽しめる一
品。野沢菜漬けとしらすのWのう
まみが口いっぱいに広がります。

材料

しらす … 大さじ2
野沢菜漬けの小口切り … ¼カップ

にんにく … 1片 → みじん切り
赤唐辛子 … 1本 → 小口切り
ごま油 … 大さじ½
オリーブオイル … 大さじ2
粗びき黒こしょう … 適量

スパゲッティ … 100g
└ 塩 … 小さじ2
　→湯を沸かし、具材を炒めたら
　　パスタをゆでる（13〜16ページ）

作り方

1 フライパンにごま油、しらすを入れて弱火にかけ
　る。しらすがカリカリになったら取り出す。

2 1のフライパンを拭いて、オリーブオイル、にん
　にく、赤唐辛子を入れて弱火で炒め、香りが立っ
　たら野沢菜を加えてさっと炒め、火を止める。

3 ゆで汁大さじ2を2回に分けて加えてなじませ、
　ソースにする。

4 ゆで上がったパスタを加えてあえる。器に盛り、
　1のカリカリしらすをのせ、黒こしょうをふる。

経年変化が楽しみな
ダイニングテーブルと
栗の杓文字

大久保ハウス木工舎　栗の杓文字

　キッチンの主役のイギリス製のダイニング
テーブル。もうかれこれ20年来の付き合いにな
ります。このテーブルで、毎日Instagramに投稿
する料理を撮影しています。息子たちが学生の頃
は、宿題をしたりゲームをしたり、食事以外のと
きにも家族でこのテーブルを囲んできました。輪
じみや引っかき跡で傷だらけだけど、いい味出て
るでしょ。

　海外のインテリアに興味を持ったきっかけは、
たぶん、幼い頃からテレビで観ていた「トムと
ジェリー」。アメリカらしい広いリビング、追い
かけっこしている傍に映り込むソファや暖炉。欧
米には、何世代にもわたり家具を受け継ぐ文化が
あると知り、自分もそんな物選びができたらいい
な、と思うようになりました。

　夫とふたり暮らしになった今も、以前と変わら
ずこのテーブルは、うちの中心にあります。これ
からもずっと、このテーブルとともに歳を重ねて
いけたら最高ですね。

　そして、栗の杓文字。海外の料理家たちが使っ
ている木のクッキングスプーンに憧れて、いろん
なかたちの木製ツールを試してきました。

　その中で出合ったこの杓文字。一般的な杓文字
より、ちょっと細身で背が高い分、炒めべらとし
てもぴったりのサイズ感なんです。今では、用途
に合わせて3つを使い分けるほどのお気に入り。
トマトソースを煮込んで真っ黒になった姿もす
ごく愛おしい。

　ダイニングテーブル同様、美しい経年変化を楽
しみながら、長く愛用していきたいと思っています。

Dining table
&
Wooden spoons

ザ・ペニーワイズ ポールウィルソンシリーズ 2インチトップダイニングテーブル T3 W1500 欧州アカマツ 無垢材

Tesshi（@tmytsm）

インスタグラムに毎日投稿するおい
しそうでボリュームたっぷり、迫力
満点の料理の数々が大人気で、フォ
ロワー数は27万人超（2020年3月
31日現在）。著書に『主役は、ごち
そうおにぎり』『もりもりホットサン
ドと野菜ごろごろスープ』（ともに
KADOKAWA）がある。

とびきりおいしい　家パスタ
食べたら疲れが吹き飛ぶよ！

2020年4月30日　初版発行

著者／Tesshi（@tmytsm）

発行者／川金　正法

発行／株式会社KADOKAWA
〒102-8177　東京都千代田区富士見2-13-3
電話 0570-002-301（ナビダイヤル）

印刷所／凸版印刷株式会社

●お問い合わせ
https://www.kadokawa.co.jp/（「お問い合わせ」へお進みください）
※内容によっては、お答えできない場合があります。
※サポートは日本国内のみとさせていただきます。
※Japanese text only

定価はカバーに表示してあります。